演劇ワークショップのレッスン

よりよい表現とコミュニケーションのために

鴻上尚史

白水社

演劇ワークショップのレッスン

よりよい表現とコミュニケーションのために

目次 ◀

各ワークショップのマークの見方

●3人〜12人……そのワークショップをおこなう目安《めやす》の人数です。
あくまでも参考ですから、絶対のルールではありません。

3n……3の倍数、つまり3人一組の参加者でおこなうワークショップをあらわします。
4nは、4の倍数、4人一組でおこなうワークショップです。

3n+1……3人一組の参加者に1人余る数が最適です。

☆☆☆☆☆……ワークショップの難易度《なんいど》を示します。
★（レベル1）から、★★★★★（レベル5）まであります。
レベル1は、一番簡単なレベルです。

(複)のマーク……複数《ふくすう》のチームが同時におこなうことが可能なワークショップです。

のマーク……特に見る意味のあるワークショップを示します。
ワークショップは見て面白いものがほとんどですが、特にいろんなことを学び、
気付けるものです。

のマーク……用意する物を示します。本文中に記しています。

Ⅴ　集中力を高めるレッスン　214

中級編 285

上級編 292

IX 演技のためのレッスン

はじめに――演劇ワークショップが求められる三つの理由

「演劇ワークショップ」とは、演技はもちろんのこと、表現力やコミュニケーション力など「よりよく生きるために必要な技術」を上達させる、さまざまな演劇的方法のことです。

この本には、僕が効果的だと判断したレッスンを集めました。ですから、早くやりたい人は、この「はじめに」と「I」をすっ飛ばして、とっとと始めて下さい。「演劇ワークショップ」は、なにより実践《じっせん》して初めて意味があるのですから。（ただし、あなたが参加者ではなく指導者を目指す場合は、「リーダーとファシリテーター」「ファシリテーターについて」の項を読むことをお勧めします）

以下は、「そうは言っても、『演劇ワークショップ』ってなんなの？　どんな意味があるの？　ただ遊んでるだけなんじゃないの？　ファシリテーションやコーチングと何が違うの？」と思った人のための文章です。

ここ最近、演劇界以外でも、急速に「演劇ワークショップ」が求められ、広がってきました。教育界やビジネス界はもとより、一般レベルでの関心も大きくなってきました。

それには、主に**三つの理由**があると僕は思っています。

第一の理由は、子供達の遊びが変わってきたことです。

昔、子供達は原っぱで**「ごっこ遊び」**に興じました。まさに『ドラえもん』の「土管が転がっている原っぱ」の世界です。「ごっこ遊び」とは、**自分以外の何者かになって遊ぶこと**で、これはまさに、「演劇ワークショップ」の基本のひとつです。

「お前、悪モン」「おれイーモン（正義の味方）」なんて言い合いながら、海賊《かいぞく》になったり、忍者になったり、お姫様になったりして過ごした時間は、表現とコミュニケーションを学ぶための、とても大切な時間でした。

けれど、今、「原っぱ」で「ごっこ遊び」に盛り上がっている子供達はどれぐらいいるのでしょう。スマホやタブレットが与えてくれるゲームや動画など遊びの多様化《たようか》がこの事態《じたい》を生んだわけですが、さらにコロナ禍《か》が追い打ちをかけたと僕は思っています。

そもそも、子供達は集団で遊ぶことが減ってきていると感じます。集団で遊ぶことで、子供達はぶつかり、調整し、試行錯誤《しこうさくご》し、譲《ゆず》り、踏み込み、失敗し、協力し、迷うという、コミュニケーションと表現のための貴重な経験をするのです。「ごっこ遊び」は、特に、自分達でルールを作り、自分達で面白さを見つけるという意味で、とても優れた集団遊びでした。

好むと好まざるとにかかわらず、集団での遊びより、個的な遊びが増えた現代は、子供達にとって人間関係が希薄《きはく》になった時代だといえるでしょう。だからといって、子供達に「原っぱに戻れ」と求めることは不可能でしょう。それは、大人達に向かって、スマホを手放せと求めることと同じです。

けれど、子供達が「原っぱ」で学ぶ内容が、「演劇ワークショップ」で学べることに、多くの人が気付いたのです。「演劇ワークショップ」は、子供達の失われた「原っぱ」の代わりになれるのです。

子供達が「原っぱ」に戻る日は来なくても、「演劇ワークショップ」を体験することで、子供の成長のために必要不可欠なことを得ることができるのです。

二つ目は、子供達だけではなく、大人達も人間関係の希薄さが問題になっているということです。

大人達もまた、遊びの多様化やSNS、ネット世界の増大によって、リアルな人間関係を生きる時間が減ってきました。それが、ビジネスシーンでは、コミュニケーションの問題としてコロナ禍以前から、クローズアップされてきました。分かりやすいのは、「飲みに行かなくなった若手とそれを嘆《なげ》く中高年」という構図です。

昔の人の話を聞くと、「ほとんど毎日、上司や同僚と飲みに行った」と言います。それが、まさに「会社というワークショップ」だったのだと思います。連日の飲み会で親しくなり、心を開き、アドバイスを受けたり与えたりしながら、仲間意識を作り上げ、絆《きずな》を固め、信頼し合う関係を作っていったのでしょう。

けれど、今はそんな「関係の作り方」はできなくなりました。この関係の作り方は、「飲みに誘われたらついていくのが常識」とか「自分の時間を犠牲《ぎせい》にして当たり前」というような〝信念〟がないと成立しません。子供達の「原っぱ」がもう戻らないように、こんな状態の飲み会はもう戻らないでしょう。言うまでもないことですが、コロナ禍のリモートワークが、この状況を後押ししました。

21世紀になって、日本のビジネスシーンでも「アイスブレイク」「ファシリテーション」「コーチング」という言葉が広がり、定着してきました。これらは「演劇ワークショップ」と密接な関係があるのですが、連日の飲み会の代わりにビジネス界が見つけた「関係の作り方」と言えます。

会議をする時にお互いが緊張していたり、不安になっていては、創造的な議論ができるはずがありません。

例えば、「アイスブレイク」の目的は、「お互いの緊張を取ること」「失敗しても責められない雰囲《ふんい》気《き》作り」「お互いを知ること」「自分自身を開示しやすい雰囲気作り」「お互いの信頼作り」というようなことです。

連日の飲み会を開かなくても、効率的に創造的な関係を作れる方法をビジネス界は見つけたということです。(ファシリテーションとコーチングに関しては後述します)

特に、日本人のコミュニケーションは、「世間《せけん》」と呼ばれるものと密接につながっています(以下は僕が繰り返し話していることなので、分かっている人は飛ばして下さい)。「世間」とは、あなたが関係している人達のことです。「世間」の反対語は、「社会」です。あなたと何の関係もない人達のことです。

日本人は「世間」の人とのコミュニケーションはとても得意です。腹芸《はらげい》とか根回しとか、「知っている者同士」がコミュニケーションするためにいろんなことをします。が、「社会」に所属している人達に対しては、なんと言葉をかけていいか分かりません。駅の階段をふうふう言いながらベビーカーを持ち上げている女性に対して、日本人が誰も声をかけないことに、日本に来た外国人は驚きます。東日本大震災では何の略奪もなく、暴動も起こらなかった日本で(つまり、日本人はとても優しいと思っている外国人から見て)どうして、誰もベビーカーの女性を助けないのか理解できないのです。

でも、それは日本人が冷たいからじゃないと、私達日本人は知っています。それは、相手が自分の知らない「社会」に属する人だから、なんと声をかけていいか分からないだけなのです。もし、その女性が知り合いだったら、つまり、自分の「世間」の人なら、日本人はすぐに「大丈夫ですか?」と声をかけるでしょう。

知らない人同士が集まった会議で、日本人同士、なかなか打ち解《と》けられず、会話が活発にならないのは、私達は「社会」の人達と会話することに慣れてないからです。

海外の会議に参加して、初めて会った者同士なのに、いきなり、議論が活発になる現場に出会って面食らう日本人ビジネスマンが多くいます。(もちろん、海外でも、なかなか議論が活発にならない場合もあります。だからこそ、「演劇ワークショップ」の手法が発展したのです)

連日の飲み会は、「社会」に属している新入社員や新メンバーを、自分達の「世間」のメンバーにするために必要な手順だったのです。ですから、「飲み屋の席でコミュニケーションを作る」という「飲みニケーション」が減った今、「アイスブレイク」が注目されるのは当たり前だと思います。

ただし、この本で紹介する「アイスブレイク」は、「親しくなる雰囲気づくり」だけではなく「声と体を使った表現力アップ」「コミュニケーション能力の向上」「プレゼンテーションなどの表現力アップ」という範囲までを含んでいます。「アイスブレイク」から「自分ブレイク」に進むということです。

三つ目は、学校教育における「一斉《いっせい》授業の限界」です。「チョーク&トーク」という言い方をされたりしますが、1人の教師が話し、大勢の生徒が黙ってそれを聞く、というスタイル以外の可能性を探ろうという動きが大きくなってきました。

僕はＮＨＫ－ＢＳ１で『COOL JAPAN』という、外国人をスタジオに呼んでいろいろと日本文化を語るＴＶ番組の司会を十七年以上しています。一度、「日本に来た中高校生特集」をやりました。十数人の世界中から来た中高校生に「日本の中学・高校に来て驚いたこと」を聞いたのです。

彼ら彼女らはまずは「髪の長さやリボンの幅」などを規定している細かすぎる校則に驚いたのですが、その次は、「授業中、寝ている生徒が多い」ということだと言いました。僕は司会として「いや、君達の国でも授業中は寝る奴、いるだろ?」と突っ込んだのですが、多くの外国人中高生は、異口同音《いくどうおん》に「授業中は寝ている暇《ひま》なんかない」と当然のように答えました。

それは、この本でも紹介するような、さまざまな「演劇的ワークショップ」の方法を授業中に導入しているからです。例えば、279ページの「キャラクター・インタビュー」のレッスンで紹介したのは、童話のキャラクターですが、これを歴史上の人物、例えばリンカーンとかルターとかマゼランにするだけで、刺激的な歴史の授業になります。

毎回の授業で常に参加を求められると、寝ている暇はなくなるということです。

もちろん、一斉授業にも良い点はありますが、「演劇ワークショップ」を導入することで、生徒達がより主体的・個別的に、そしてこれが最も重要なことですが、楽しく学ぶことができるのです。このことに気付いた人達が「演劇ワークショップ」に注目するようになったのです。

以上の三つの理由で「演劇ワークショップ」が今、求められていると僕は思っています。

Ⅰ　演劇ワークショップについて

1―A　ゲーム形式について

「演劇ワークショップ」のうち、「お互いの緊張を取ること」に特化したのが「アイスブレイク」ですが、ゲーム性の強いものを「シアター・ゲーム」と呼んだりします。

「演劇ワークショップ」は、ゲームの形でおこなわれることが多いです。ですから、この本には「シアター・ゲーム」と呼べるものがたくさんあります。演劇の稽古《けいこ》はもちろんですが、親子同士や友達のパーティーやクラス会、授業の始まりや職場とかで楽しく遊んでもらえればいいと思います。

ゲーム形式でおこなわれることで、まずは無条件で楽しさが生まれます。楽しいからこそ、何度失敗しても、またやろうという気持ちが生まれるのです。

現実の人生は失敗が許されないことが多いです。また、一度失敗すると、そこからやり直すことも難しいです。でも、「演劇ワークショップ」が提供するゲームは、何度でも積極的に失敗し、何度でもやり直すことができます。

人生でぶつかる問題のシュミレーション。それがゲームなのです。

ゲームは、人生に対する柔軟《じゅうなん》な姿勢を作ります。人生に失敗する前にゲームで失敗し、人生を試行錯誤する前にゲームで試行錯誤し、人生で人の気持ちを考える前にゲームでキャラクターの気持ちになるのです。

例えば、インプロという即興ゲーム（詳しくは後述）に「問題解決ゲーム」（286ページ）と呼ばれるものがあります。

あなたは会社の社長です。食品会社にしましょうか。部下が社長室に飛び込んできます。部下は「社長、大変です！　工場が火事です！」と言ったとします。

あなたはすぐに「それはちょうどいい！」と相手の言ったことを肯定《こうてい》します。そして、なぜちょうどいいのかを続けて言います。「（それはちょうどいい！）工場を建て替えようと思ってたんだ！」部下は「分かりました！」と元気に言って去ります。

また別の部下が飛び込んできます。「社長大変です！　食品の中に虫が入ってました！」社長はとにかく、まず、元気に肯定します。「それはちょうどいい！」すぐに、屁理屈《へりくつ》でもいいから理由を言います。「これから昆虫食《こんちゅうしょく》を始めようと思ってたんだ！」部下は「分かりました！」と言って去ります。

参加人数は2人〜5人ぐらい。社長役が1人で、社員役が1人〜4人ぐらいです。社員は、とにかく、次々に大変なことが起こったと社長室に飛び込んできます。そのたびに、社長はまず「それはちょうどいい！」と叫びます。考えるのはそれからです（社長役を複数の人がやる時は、会社を変えて下さい。自動車会社とかテレビ局とかデパートとかの社長になります。部下の言葉も、それに関するものにするのです)。

現実にこんなことがあったら大騒ぎです。でも、ゲームだからできます。ゲームによって、現実の予行演習ができるのです。予測不可能なことが起こっても、なんとか対処できるようにゲームを使うのです。

たぶん、今の生徒や学生にとって、一番退屈《たいくつ》な時間は教室での一斉授業であることが多いと思います。でも、ゲームは、学びと遊びを区別しません。本当の学びは遊びでもあるのです。

そして、本当に面白い遊びには、集中力が不可欠です。ワイワイと楽しく遊んでいる時、大人も子供も集中しています。それは、とても素晴らしいことです。

ゲームをうまくやったり、勝つためには、同時に観察力も求められます。誰かに強制されることなく、表現のために最も必要な集中力と観察力をゲームをすることで身につけることができるのです。

そして、ゲームが楽しいと、感情と体が解放されます。解放されて初めて、深く集中することができるのです。別の言い方をすれば、体をほぐすことで、初めて感情がほぐれ、想像力もほぐれます。体がガチガチに緊張しているのに、感情がほぐれている人を僕は見たことがありません。

感情と体がほぐれ、同時に場もほぐれれば、うんと発表しやすくなります。頭に浮かんだ小さなイメージやアイデアも、ためらうことなく表現できるようになります。

「演劇ワークショップ」をやることで、発想力や想像力・創造力がつくと言われるのは、人生の試行錯誤が容易にできることと、発表しやすくなることが原因だと僕は思っています。

俳優向けに言っておけば、本番での演技の予行演習にもなります。演技とは、「セリフの決まったアドリブ」だと僕は説明しています（詳しくは「予想がつかないことを楽しむレッスン」〔323ページ〕を参照）。

1－B　ゲームの目的を説明すること

例えば教室でみんなでワイワイと、ものすごく楽しそうにやっていると、「それに意味はあるの？ただ遊んでるだけなんじゃない？」と突っ込む人が現れることがあります。

そういう時、「遊んでるだけじゃいけませんか？」と僕は反論したくなるんですが、それだとモメてしまうかもしれないので、最初に**「演劇ワークショップが求められる三つの理由」**をあえて書きました。

会社で、あるファシリテーター（説明は後述）がゲームを始めようとしたら、上司が「それをやると、いくら儲《もう》かるの？」としつこく聞いてきたと言います。

コロナ禍がピークの時に、「アートは不要不急」と言われました。確かに、「今すぐ」という意味では「不急」かもしれません。でも、「不要」ではありません。アートは人生と生活に必要なものであり、重要なものです。ファシリテーターがおこなうゲームも「演劇ワークショップ」も同じです（残念ながら一度でも体験しないと、なかなか理解してもらえないものです。ちょうど、一度も推理小説を読んだことがない人に推理小説の面白さを伝えることが難しいのと同じです。「犯人探すのにどんな意味があるの？」と言われてしまいますからね）。

もちろん「演劇ワークショップ」にも「シアター・ゲーム」にも、それぞれにねらいはあります。

例えば、社長になる「問題解決ゲーム」は、「前向きな気持ちを養《やしな》う」とか「想像力を育てる」「諦《あきら》めない心を作る」「感情をコントロールする」なんてことです。でも、それをゲームの最初に説明することは、なるべくやめた方がいいと僕は思っています。

「ただ遊んでいるだけじゃないの？」という突っ込みを恐れるあまり、まず最初に「ゲームのねらい」「教育目標」「学習到達点」「学習のめあて」を参加者や生徒・学生・社員に語る人がいます。

僕はその説明を聞くたびに、ワクワクする気持ちがしぼんでいきます。そして、重圧を感じます。

それはまるで、「親睦会《しんぼくかい》」の最初に「えー、この親睦会の目的は、一人一人がリラックスして、全員と充分に会話し、なるべく多くの相手との相互理解を深めることです。心開いて会話して下さい。では、楽しく飲みましょう」と言われるようなものです。それで参加者は楽しいのかと思うのです。そんな親睦会ならやらない方がいいと思ってしまう人が多いのではないでしょうか。

「これからアイスブレイクをします」と言う人がいます。これもやめた方がいいと思います。

「これからお互いの親睦をはかるゲームをします」というのも、真面目な人が集まっている場所ではあまり言わない方がいいと思ってます。だって、「そうか。親睦をはかるんだな」と身構えてしまう可能性が高いからです。「これから、ちょっと遊びますね」と僕は言います。それで充分だと思っています。

「演劇ワークショップ」には、さまざまな目的があります。ひとつに限定するということはあまりないです。この本では、とりあえず、項目を分けていますが、「集中力」を目指しながら「コミュニケーション力」や「表現力」を高めることも当たり前にあります。それをいちいち言葉にするのは、事前にはやめた方がいいと思っています。

終わった後に毎回必ず目的を列挙するのも、楽しさを奪う可能性が高いので気をつけた方がいいと思います。そうすることで、参加者が発見や気付きにワクワクするか、身構えてしまうかの違いです。真面目な参加者で毎回、「目的」や「効果」を聞かないと納得しない人がたまにいますが、そういう場合は、「あとでまとめて説明します」と答えてゲームを楽しむことに集中してもらいましょう。

1-C 参加したくない人について

「演劇ワークショップ」をやると、あきらかに参加したくないとか、やる気の見えない人がいます。学校や会社の命令で参加している場合です。欧米だと、こういう時「私は参加しない」と宣言する場合が多いのですが、日本人の場合は、気を遣《つか》ってしょうがなく参加するけど、やる気なくダラダラしている、ということが多いです。こういう時、僕は無理に参加しなくていいと言います。

そもそも、「一斉授業」で育った日本人は、「参加型授業」というものに馴染《なじ》んでいません。授業中、グループで参加するのは、「班活動」だけの場合が多いです。でも、「演劇ワークショップ」のグループ分けと班活動はまったく違います。

「演劇ワークショップ」では、班活動のように1人の責任がグループ全体の連帯責任になったり、全部、最後の1人までできないとグループとしては終われない、なんてことはありません。それらは、す。

「班活動」で刷《す》り込まれたことです。ですから、「演劇ワークショップ」をやる時に「班活動」と同じだと思い込んで、抵抗を感じる大人や子供が出てくるのは、無理のないことだと僕は思っているのです。

「演劇ワークショップ」は西洋発のものが多いです。ヨーロッパ各国の多様な民族文化同士の円滑《えんかつ》なコミュニケーションの必要と「飲みニケーション」の代わりに発展したのです。

欧米の文化では、個人が優先されます。参加するのも参加しないのも個人の自由です。この本で紹介する多くのゲームは、参加しても「やりたくない時はなにもしない」まま終わることが可能です。それがどういう意味かは、83ページの「サークル・スイッチ」で説明しました。

個人を重んじる欧米で生まれた「演劇ワークショップ」でも、グループでやるものが多いのは、私を変えてくれるのは、いつも他者だからです。1人でやっていては気付かないことが、集団でやることで見えてきます。他の人の表現を見たり、他の人から反応をもらったりすることで、自分がやっていることが初めて明確に分かるのです。

僕は、参加したくない態度の人に「よかったら見てて」と伝えます。もし、見ているうちに「なんだ。連帯責任でもないし、楽しそうだな」と思ったら、参加すればいいだけのことです。

見ている人の表情の変化を気にしながら、前向きに感じたらさりげなく「やってみます?」とファシリテーターは途中で聞いたりします。最後までそうならなくても問題ありません。参加者の気持ちを大切にすることが重要なのです。

(ちなみに、高校生には「なんのために演劇ワークショップをやると思ってる? 表現力の向上? コミュニケーション力の上達？　違う、違う。『よりもてるようになるため』にやるんだよ。表現力が向上し、コミュニケーションがうまくなればもてるだろう。だからやるんだよ」という言葉で、演劇ワークショップへの態度が急に熱心になることがよくあります（笑）。

大人でも「お勉強」に来ているような真面目な人には、「コミュニケーション力とか表現力が目的ではなく一生、もて続けるためにやるんです。老人ホームに入ってもずっともてるために、演劇ワークショップをやるんです」なんて、挑発したりします（笑）。）

2－A　リーダーとファシリテーター

リーダーとは、文字通り、指導者です。ファシリテーターは、ファシリテイト（facilitate）する人のことで、人々の行動や会話を容易にし、関係を促進《そくしん》・助長する人です。まあ、日本語でスパッと言えないから、ファシリテーターという言い方をそのまま使っているわけです。

では、リーダーとファシリテーターの違いはなんでしょうか。

リーダーはコンテンツに責任を持ちます。参加者が選ぶ、または参加者に伝える内容に責任を持つわけです。

ファシリテーターは、プロセスに責任を持ちます。どういう過程を参加者が経験するかということです（コーチとファシリテーターは、とてもよく似ています。一般的に、コーチは個人のプロセスに責任を持ち、ファシリテーターは集団のプロセスに責任を持ちます。ですから、ファシリテーターが1対1で参加者と接する時があったら、それはコーチと言ってもいいと思います）。

基本的に、この本ではファシリテーターという言い方をします。それは、〝リーダー〟という言葉には、どうしても「引っ張っていく」「上に立つ」というイメージがあるからです。

ファシリテーターは、引っ張りません。ただ、参加者が自らの答えにたどり着く手伝いをするだけです。ファシリテーターは、参加者と対等なのです。ファシリテーターは、参加者に共感し、参加者の行動や発言を承認する存在なのです。

学校や会社で、「演劇ワークショップ」がうまくいかない一番の理由は、先生や上司はそもそもリーダーなのに、ファシリテーターの役割もしようとするからです。

リーダーはたどり着く場所を意識します。ファシリテーターは、たどり着く場所は意識しません。どこにたどり着いても、とにかく参加者が自発的に自由に参加できているかどうかを問題にするのです。「ファシリテーターは、たどり着く場所を意識してない」と参加者は分かるからこそ、自由に発言し、動くことができるのです。

生徒が求める答えをした時は微笑み、求める方向と違う答えの時は、反応しない先生がいます。それは、ファシリテーターではありません。誘導する強いリーダーです。こんな状態で、活発な議論など起こるはずもありません。

この状態を改善する方法は三つです。

ひとつは、リーダーであることをやめて、完全にファシリテーターに徹《てっ》すること。つまり、たどり着く結論がどんなものであれ、生徒や社員が活発に議論し、自由に意見を言い、全体の合意を形勢することを最も重要なことと決めること。

二つ目は、外部からファシリテーターを呼ぶこと。外部からのファシリテーターは、リーダーが求める結論には責任を持ちませんが、過程には全責任を負います。

三つ目は、なんとか集団の中でファシリテーターを育てること。最初は先生や上司がなんとかファシリテーターもどきをしますが、やがて生徒や社員の中からファシリテーターが生まれてくればいいのです。そうすると、リーダーである先生や上司とちゃんと役割が分担されます。

2-B　ファシリテーターについて

演劇ワークショップのファシリテーターとして必要なことは——

①常に肯定的であること
②参加者を主役にすること
③参加者が常に活動するようにすること
④ユーモアを忘れないこと
⑤参加者の発言や行動を最後まで見ること

です。

これを裏から言うと、

①批判しない

②1人で仕切ろうとしない

③講義・演説しない

④真剣になりすぎない

⑤参加者の発言や行動に割って入らない

ということです。

もし、集団の中で主役になりたいのなら、ファシリテーターを目指してはいけないでしょう。主役は参加者です。たまに、前へ前へと出たがる人と出会うことがあります。そういう人は強力なリーダーですが、ファシリテーターではありません。

カリスマ社長のワンマン会社の会議に似ています。しゃべっているのは、社長だけで周りはただ社長の発言にうなづいているだけです。でも、社長はその状況が不満なのです。「どうしてみんな積極的に発言しないいんだ」と。でも、発言できない雰囲気にしているのは、カリスマ社長なのです。

また、僕の場合、ファシリテーターとしても可能な限り、ゲームに参加します。1人、特別な場所にいて見守るということをしません。それぞれのゲームではあえていちいち書きませんが（書いてしまうとそれが絶対のルールになってしまうので）、一緒にやった方がみんなリラックスすると感じる場合は、積極的に参加します。一緒にやってしまうと周りが見えなくなってうまくいかないと感じたら、参加しません。

また、時間を計る必要がある時は、ファシリテーターは参加するのは難しいでしょう。

⑤の「参加者の発言や行動に割って入らない」というのは、「ただダラダラと発言を続ける人を

放っておく」ということではありません。要領を得ずにダラダラと長く話している人には、ファシリテーターは本人が何を言いたいのか、何がしたいのか、自分で気付くように助言します。相手が何かをしている時に、なんらかのアドバイスをすることを**「サイドコーチ」**と言います。

人間は人から言われたことより、自分で気付いたことを忘れません。ファシリテーターはなるべく、参加者本人が気付くように導きます。

2-C　失敗してもいい場所

ファシリテーターは、まず、稽古場や教室、会場が「失敗しても大丈夫な場所」だと参加者に思わせることが仕事です。

それは具体的には、「周りの評価を気にしない」「予想がつかないことを楽しむ」「失敗することを恐れない」というようなことでしょう。参加者の「心理的不安」を取るということです。

この場所は「競《きそ》う場所」でも「発表する場所」でも「戦う場所」でもなく、「積極的にチャレンジして失敗して、そして学ぶ場所なんだ」と参加者が思えれば、「演劇ワークショップ」の半分は成功したと言っていいでしょう。

ですから、初めましての人が多い場合は、113ページの「10円玉ファイト」のような「緊張と競争」の要素が強いものをいきなりやるのは避けた方がいいでしょう。逆に、いつものメンバーで、精神的にも身体的にも刺激が欲しいというような場合は、「10円玉ファイト」から始めるのは面白い組み立てです。

優秀なファシリテーターは、たくさんの「演劇ワークショップ」を知り、理解し、当日の組み立てを考えます。事前の準備はマストです。同時に、ワークショップ当日は、参加者の状態に応じて、臨機応変に対応します。事前に決めたメニューに固執《こしつ》するのはやめましょう。

ファシリテーターは、常にワークショップを進行しながら、「考えること」と「感じること」を同時におこなう必要があります（詳しくは後述）。全員がこのゲームをどう感じているのか。難しいと感じているか楽しいか、簡単すぎるかやりがいがあるか、ファシリテーターは全身で、参加者の感触を感じるのです。

そして、同時に「この瞬間に一番相応《ふさわ》しい言葉は何か？」「どんなサイドコーチが必要なのか？」「このゲームを素早くやめて、次に移った方がいいのか？」ということを考えるのです。

「10分、時間が余ったから、もう少し遊びますか？」なんて軽口《かるくち》をたたきながら、予定していなかった、けれど今必要な「演劇ワークショップ」を始められたら素敵です。

ただ、僕は**「声の5つの要素」**とか**「スタニスラフスキー・システムの集中の輪」**（拙著『演技と演出のレッスン』〔白水社〕参照）というようなコンテンツを責任持って伝えないといけないと思う場合は、自分のことをワークショップ・リーダーだと思ってます。援助《えんじょ》型のリーダーですが、伝えたい内容がある限り、ファシリテーターではないと思っているのです。これは念のため。

3　シンパシー（sympathy）とエンパシー（empathy）

「ごっこ遊び」とは、エンパシー（empathy）を育てるための重要な訓練です。

シンパシー（sympathy）は同情心です。シンデレラを可哀そうと思う気持ちです。エンパシーは、「相手の立場に立てる能力」のことです。

私達は、子供の頃からずっと、「自分の嫌なことは人にしない・自分の好きなことを相手にもしてあげる」と教えられてきました。

これは、じつはシンパシーです。多様化した時代には、自分が好きなことは、相手にとって嫌いなことかもしれません。

孫のことを思って、スーパーでお菓子をいっぱい買った祖父母に対して、「オーガニックなものしか与えてません」と断る親がいます。「こんなに孫のことを思っているのに、お菓子を受け取らないのか」と怒るのは、シンパシーが大切だと思っているからです。

でも、自分が好きなことが相手も好きとは限らないと考えられる能力がエンパシーなのです。能力ですから、育てることができます。一番手軽で有効な方法は**「自分以外になってみる」**ということです。自分以外の者として、言葉をしゃべり、動く経験によって、「相手の立場を考える」ということができるのです。

それが、まさに、「ごっこ遊び」であり、「学芸会」や「演劇発表」です。

でも、誰もが「演劇発表」をできるわけではありません。「演劇教育」というと、すぐに「上演」

が前提だと思ってしまう人が多いのですが、違います。劇を上演しなくても、例えば280ページの「キャラクター・スピーチ」をすることでエンパシーを育てることができるのです。

でも、本当は「エンパシーを育てよう」と大上段に言う必要はないと僕は思っています。だって、「自分以外の何者か」になることは楽しいのです。日常が単調であればあるほど、私達は自分以外の何者かになりたいと思います。何者かになることで、日常と自分から離れ、解放感にふっと息をつき、また日常と自分に戻ってくるのです。

また、人間は、そもそも演じる存在です（詳しくは「Ⅷ 物語を生きるレッスン 初級編」参照）。「演じること」は、人間の本来の姿です。人間は「演じること」の楽しさを知っているのです。単調な日常で、同じ役割だけを続けていると、息が詰まる感じがするのは、人間本来の姿に背《そむ》いているからだと思います。大人も子供も、「演じること」で生き生きとした自分を取り戻すのです。

4 振り返ること

「演劇ワークショップ」が終わったら、振り返ることは重要です。

といって、ひとつやるたびに、毎回、感想を求めるファシリテーターがいますが、臨機応変《りんきおうへん》に対応して下さい。

また、「協調性」のために振り返ろうとする人がいます。心をひとつにとか、みんなでまとまるために振り返るのではありません。自分の体験を確認し、気付いたこと、分かったことを言葉に、そして、他の人の振り返りを聞くことで、「相手の立場に立てる能力」を育てるために振り返るのです。自分はこんな感想を持ったけれど、他の人はこんな感想なんだ、そんな受け取り方があるんだ、と気付ければ素敵です。

「ダメ出し」という嫌な言葉がまだ演劇界では残っています。演出家が「ダメ出しします」というと、俳優達が集まってきます。でも、「ダメ出し」ということは「否定される」ために集まるわけです。こんな嫌なことはないでしょう。良かった点と残念だった点を演出家から聞くために俳優は集まるのです。否定されるためではありません。

どうも、「ダメ出し」とか「自己批判」が大事なことという文化的伝統(?)があるのか、「振り返り」も、反省することが偉《えら》いこと、みたいな雰囲気になることがあります。振り返りは、自分の気付いたこと、獲得《かくとく》したことを共有するためにやります。ごめんなさいと反省するためではありません。

コーチングでは、『なぜ』ではなく『なに』を使うこと」というアドバイスがあります。「なぜできなかったのか?」と聞くと、どんどん相手を追い込みます。そうではなくて、「なにが原因でできなかったの?」と聞くのです。

またファシリテーションの重要な目標のひとつに、「『個人の自立』と『組織全体の統合《とうごう》』は矛盾すると思われていたけれど、その両立を目指すこと」があります。ただやみくもに反省したり、個人を責めないで改良する道を探しているのです。

ちなみに、英語ではダメ出しを「ノート」と言います。演出家のノートには、良い点も残念な点も書いてあって、それを役者の前で発表するということです。僕も、さんざん「ダメ出し」以外の日本語を探したあげく、結局、この言い方をするようになりました。

5　楽しく遊ぶためのいくつかの注意点

「各ワークショップのマークの見方」で書いたように、レッスンでは、「●10人〜30人　(複)◉」というような表記をしています。

「10人〜30人」というのは、レッスンができるだいたいの目安《めやす》です。絶対ということではありません。8人だったり35人だったりしてもうまくいく可能性はもちろんあります。

場合によっては、（3n＋1人）という表記があります。これは、参加人数の合計が3の倍数と1人が理想的だということです。4人、7人、10人、13人ということですね。

(複)は、「複数チーム同時可」ということで、会場の広さにもよりますが、このレッスンを複数のチームで同時におこなうことができる、という意味です。

◉は、「見る意味大」ということで、そのゲームをやらないで見るだけでも学ぶことが多いという意味です。「観客」という表記がある場合は「観客」の存在が必要だということです。

また、事前に物を準備する必要のない「演劇ワークショップ」を集めましたが、例外的に紙やテープ、椅子、ボールなどを使う場合には表記しています。

6　チーム分けのアドバイス

大人数の場合、チーム分けするか、全員でやるかは、ワークショップの目的によります。
例えば、参加者が35人の場合、集団としての一体感や集団に対する安心感を目的にしたい場合は、まずはチーム分けせずにやった方がいいでしょう。集まって間もない場合やお互いが緊張している場合です。

また、時間はたっているけれど、いつも小さなグループに分かれていて、集団全体の共通感覚がない場合も、チーム分けしないで、まずは全体でやるのがいいでしょう。

次に、そのレベルを越えて、集団に対して安心し、お互いのことをなんとなく分かってきた場合は、チーム分けします。当たり前のことですが、人数が少ないと、どんなワークショップでも、やる順番が何回も回ってきます。その分、楽しさも倍加しますし、学びも多くなります。

いつも同じ仲良しグループになってしまう場合は、ランダムなチーム作りに切り換《か》えます。例えば、全体で円形になった後、三つのグールプに分けるために、順番に「1、2、3」と声をかけて「1のグループ、2のグループ、3のグループで集まりましょう」と言えば、「仲良しグループ」は解体されます。

いろんな人とグループになるのは、集団全体の相互理解を高め、お互いに関心を持つ方法です。全体でやった方がいいのか、それともグループに分けてやった方がいいのか、ファシリテーターは目的を考えて判断して下さい。

また、例えば、「Ⅲ 感情と体を育てるレッスン」の中の「円形知恵の輪」（81ページ）は、小学生は10人前後、中学生は15人前後、高校生から大人だと20人前後で遊べます。複雑なゲームも、成長すれば大人数でもできるようになるということです。ただし、ワークショップに参加するのが初めてという大人が集まった場合は、10人前後にするのがいいでしょう。

また、40人の集団の時に、「複（複数チーム同時可）」マークのあるゲームの場合、10人前後の4つのチームに分けて、同時にすることも可能ですが、もし、慣れてない人達が集まっていたり、興奮した小学生だったり、自意識にのたうっている中学生だったりすると、ファシリテーター（である先生）が1人しかいない場合は、混乱してうまくいかない可能性が高いです。

その場合は、20人のふたつのグループに分けて、片方がやっている時に、片方が見るという方法もあります。◎（見る意味大）マークがなくても、そもそも、他の人のやっていることを見るのは楽しく、学びも大きいのです。

小学生や中学生の男子生徒と女子生徒が手をつなぎたがらない場合は、無理につながせようとしなくていいと思います。理想は、「ゲームの中で気がついたらつないでいた」ですが、そうならない場合、「男子の相手は女子、女子の相手は男子にしましょう」と言える雰囲気の時と言えない雰囲気の時があります。

生徒達がワークショップを楽しんでいると、この提案はわりと素直に受け入れられます。が、緊張していたり、心が充分に弾《はず》んでない時は、この提案はマイナスにしかなりません。どこで見極《みきわ》めるのかと不安な人もいると思いますが、その時の自分の感覚が、まずは手がかりです。自分がリラックスしていない時は、参加者もリラックスしていないと思った方がいいでしょう。何回かファシリテーターを続けるうちに、リラックスして、参加者がリラックスしているかどうか感じられるようになるでしょう。どうか、焦《あせ》らないで下さい。

失敗と成功の繰り返しの中で、見えてくるものです。

ファシリテーターも参加者も、さまざまに楽しみながら失敗して下さい。早く失敗すれば、早く成長します。

（なお、「演劇ワークショップ」を一冊の本として網羅《もうら》するために、『発声と身体のレッスン』『演技と演出のレッスン』（白水社）、『あなたの魅力を演出するちょっとしたヒント』『表現力のレッスン』（講談社）に書いたものも紹介しました。ご了承下さい。）

それでは、「演劇ワークショップ」を始めます。うんと楽しんで下さい。

Ⅱ　演劇的ウォーミングアップ

一般的には「アイスブレイク」と呼ばれるものですが、同時に「演劇ワークショップ」の入口でもあります。「アイスブレイク」が楽しいと感じてもらえると、「演劇ワークショップ」にも入りやすくなります。

この本では、アイスブレイクのうち、比較的演劇寄りのものを紹介します。

1 私を一文字で言えば

●3〜12人 (複)　★☆☆☆

紙とペン

A4ぐらいの紙を配り、自分を表す漢字を一文字だけ書いてもらいます。

参加者が積極的ではなく、戸惑《とまど》っているようなら、「例えば釣りが大好きな人は『魚』とか、旅行が大好きな人は『旅』とか、せっかちな人は『急』とかです」と、ファシリテーターが例を出すといいでしょう。

1分程度で書き終わったら、順番に、その文字を見せながら、理由を語ってもらいます。できれば、ファシリテーターから始めましょう。

＊参加者が戸惑っているようなら、「あなたの好きなモノを一文字で」とテーマを決めるのもよいでしょう。

2 ライン・ゲーム

●8人〜50人　★☆☆☆☆

「ネーム・チェーン」と呼ばれたりします。

参加者全員が、ある条件で一列に並びます。

①まずは生年月日です

1月生まれの人から12月生まれの人まで順番に並びます。

一番簡単なやり方は、ファシリテーターが「1月1日生まれの人、いますか?」と聞き、(いなければ)「じゃあ、1月の前半に生まれた人?」と聞き、先頭に立つ人を見つけます。その人が、例えば1月7日であれば、部屋の隅《すみ》に導き、「さあ、ここから、お互いに確認して、誕生日の順番に並んで下さい」と始めます。

並び終わったら、ファシリテーターは先頭の人から、誕生日を確認して下さい。

＊参加者の意欲が低く感じる時は、一列がいいでしょう。積極的な雰囲気を感じれば、円形に並ぶのがお勧めです。お互いの顔をちゃんと見られますからね。
一列で始めても、他の条件では円形になれたら素敵です。

②他の順番に並ぶ

「名前のあいうえお」（苗字ではなく、名前だけの順番で並びます）。「実家の電話番号の最初０１１から０９９まで」「家からここまでの時間」「今朝起きた時間順」「自分の誕生日の次に大切な日付」（パートナーの誕生日とか家族の誰かの誕生日とか自分が生まれ変わったと感じた日とか）などです。

並んだ後の手順は、同じです。先頭から一人一人、聞いてみて下さい。

ちゃんと並ぶためには、当然、お互い話さないといけません。場の空気は、一気に柔らかくなるでしょう。

＊演劇的にレベルを上げると、（『名前のあいうえお』以外では）「話さないで黙って」並ぶというのがあります。時間はかかりますが、不思議な面白さが生まれます。

3 間紹介《あいだしょうかい》

●7人～20人 複 ★☆☆☆☆

円になって座ります。ファシリテーターが例えば、「好きな食べ物を両隣の人と話して下さい」と告げます。

1分間ほどしたら、「それでは、両隣の人の好きな食べ物を含めて自己紹介をお願いします」と告げます。（30秒の時点で、「あと30秒です」と告げます）

Bの両脇がAとCだとしたら「鰻重《うなじゅう》が大好きなAさんとメロンが好きなCさんの間の焼肉が好きなBです」と言う感じです。次は隣のCさんが「～の好きなBさんと～の好きなDさんの間の～が好きなCです」と続けていきます。

一周回ったら、動いて円の立ち位置を変えます。ファシリテーターが「今度は、好きなドラマ（場所、映画、本など）を両隣の人と話して下さい」とテーマを変えます。

あとは同じです。15人前後の円でやるのが最適だと思います。大勢参加している時は、いくつかのグループに分けて下さい。

4 心を見える化ゲーム

●7人～30人 ★☆☆☆☆

ペットボトルを部屋の真ん中に置きます。ファシリテーターが「このペットボトルとの距離で、あなたの状態をあらわします。例えば、『今、やる気マンマンである』で、マンマンな人は、ペットボトルの近くに、そうでもない人は、それなりの距離で立って下さい」と言います。「すごくやる気ない人は、ペットボトルからうんと遠くですね」と付け加えます。

移動が終わったら、「近くに人がいたら話してみましょうか」と周りに関心を促《うなが》し、しばらくしたら「それでは次に『今、お腹がすいている』で移動してみましょうか。うんとすいている人はペットボトルの近くに、まったくすいてない人は、壁まで離れます」と、いくつかの条件を出します。「今、体調がすごくいい」「激しい恋をしてみたい」「私は甘いものが好きだ」「私はお酒が好きだ」などを続けるうちに、参加者同士は打ち解けていくでしょう。

5 ××が来ましたよ

●10人〜15人 複 ★☆☆☆☆

10人〜15人ぐらいの参加者の名前を一気に覚えるゲームです。

円形に座ります。

まず、Aさんが隣の人に「Aが来ましたよ」と言います。Aはもちろん、自分の名前です。苗字でも名前でもニックネームでも、とにかく周りに覚えてもらいたいものですね。

隣のBさんは「えっ？」と聞き返します。Aさんはもう一度「Aが来ましたよ」と繰り返します。

Bさんは隣のCさんに向かって「AさんとBが来ましたよ」と言います。

Cさんは「えっ?」と聞き返します。すると、BさんもAさんに向かって「えっ?」と聞き返します。AさんはBさんに「Aが来ましたよ」ともう一度言います。BさんはCさんに「AさんとBが来ましたよ」と告げます。CさんはDさんに「AさんとBさんとCが来ましたよ」と告げます。Dさんは「えっ?」と聞き返します。すると、CさんはBさんに、BさんはAさんに「えっ?」と聞き返します。Aさんは「Aが来ましたよ」とまた言い、Bさんは「AさんとBが来ましたよ」とCに言い、Cさんは「AさんとBさんとCが来ましたよ」とDさんに言い、Dさんは「AさんとBさんとCさんとDが来ましたよ」とEさんに言います。

もうルールは分かったでしょうか? Eさんは、Dさんに向かって「えっ?」と言い、DさんはCさんに、CさんはBさんに、BさんはAさんに「えっ?」と聞き返すのです。Aさんはまた、「Aが来ましたよ」と始めます。

最後まで言ったら、ランダムに座る位置を変えます。

そして、前回の円の時に、最後になった人、10人だったら10人目のJさんから始めます。

2回やれば、たいてい、グループ全員の名前を、楽しく覚えられます。

6 他《た》己《こ》紹介《しょうかい》

●4人〜30人　★☆☆☆☆

①ベーシックバージョン

2人組になって、1人1分間で自分のことを相手に語ります。ファシリテーターは、1分間を計って参加者に告げて下さい（参加者が奇数の場合は、ファシリテーターが大変ですが参加するか、このゲームをやらないかです）。

お互いが終わったら、別の2人組に対して、パートナーのことを互いに紹介します。自己紹介ではなく、他己紹介ですね。これも、1分間です。それぞれの組のパートナーが他己紹介をしますから、4分です。

それが終わったら、各自1分間ずつ、それぞれの他己紹介の情報の確認をします。もっと言ってほしかったことはなかったか、紹介している情報は間違ってないか、もっと加えるとしたらどんな情報か、それぞれ、1分間、確認します。

終わったら、全員で円になって、全体に向かって他己紹介をします。（人数が多くて時間がない時は、10人ほどのチームに分かれます）1人1分間です。聞いている人達は座って、他己紹介をしている人と紹介されている本人だけは立ちます。

他己紹介が終わるたびに、拍手しましょう。歓迎《かんげい》の意味ですね。

②嘘《うそ》はどれだ？

1分間、お互いに自己紹介したら、すぐに円になって、全員に向かってパートナーの他己紹介をします。

他己紹介では、1分間以内でトピックを三つ話します。「Aさんは、スキューバダイビングが好きで、この前も沖縄で潜って来たそうです。それと、料理を作るのが好きで、得意料理はロールキャベツです。それとドライブが趣味で、休みの日には遠出をします」

三つのトピックのうち、一つは嘘を言います。

他己紹介が終わると、ファシリテーターは、「さあ、どれが嘘でしょうか？」とみんなに聞きます。活発に意見が出ると面白いですし、出なければ「では、多数決を取りますね。スキューバダイビングが嘘だと思う人？　……では、料理？　……ではドライブ？」と意見を集めます。

最後に、紹介された本人に「どれが嘘ですか？」と聞きます。本人は「ドライブです」なんて答えます。他己紹介に遊びの要素を入れたレッスンです。

7 指つかみ

●8人～40人　★☆☆☆☆

①輪っかバージョン

全員が円になります。右手の人さし指を伸ばします。左手は、親指と他の4本の指を合わせて、輪っかをつくります。

右手の人さし指を、右側の人が作っている左手の輪っかの中に、図1のように上からいれます。この時、人さし指は、相手の指に触れないようにします。自分の左手の輪っかには、左側に立つ人の右手の指が入っ

図1

ています。

ファシリテーターが「いいですか。『1、2、3』で、右手は輪っかから抜いて、左手はぎゅっと指をつかんで下さい。同時にやりますね」と言います。

「いいですか、『1、2、3！』……と言ったらやるんですよ」と言うと、必ず何人かはもう始めてしまいます。そんな軽いクスグリのあと、「ではいきますよ。『1、2、3！』」と遊んで下さい。

今度は、手を逆にします。右手が輪っか、左手が人さし指です。

演劇的なレベルだと、利き手とそうじゃない手の感覚の違いを味わって下さい。

②こしょこしょバージョン

右手は人さし指を伸ばして（①と同じです）、ただ左手は、輪っかではなく、手の平を上にして、左隣の人の近くに差し出します。

ファシリテーターは「いいですか。今から『こしょこしょこしょ』と言いますから、右手の人さし指の指先で、右隣にいる人の左手の手の平をこしょこしょして下さい」と言って、人さし指を軽く動かします。

「そのあと、『ドン！』と言いますから、左手で人さし指をうまく摑《つか》んで下さい。いきますよ。『こしょこしょこしょ……ドン！』……と言ったらやるんですよ」なんていう定番のつかみもいれましょう。

右手を開き、左手を人さし指にする逆バージョンもやります。

8 共通点は何だ？

●2人 複 ★☆☆☆☆

ペアになって、お互いの共通点を話しあって**3つ**見つけます。時間は1分間ですね。

ファシリテーターは、参加者が戸惑っているようなら、例をいくつか出します。

血液型、兄弟、出身地、好きなもの、嫌いなもの、推しの名前、などなどです。

1分後、共通点が見つかったペアは発表してもらいます。

終わったら、ペアを変えて違う相手と組みます。今度は共通点を**4つ**、見つけます。同じく1分間です。

さらに、ファシリテーターはヒントを出します。外見の共通点（身長、靴のサイズ、髪の長さなど）と内面の共通点（好きな食べ物、映画、場所など）という視点からアプローチすればいいんだと。見つけられたペアは、みんなの前で発表します。

さらにペアを変えます。次は**5つ**の共通点を見つけます。1分間です。見つかったペアは発表します。またペアの相手を変えます。さあ、最後です。お互いの共通点を**6つ**、見つけます。1分間で見つかったペアはみんなの前で発表します。みんなは拍手で迎えます。

＊1分間と区切るのは、積極的に会話してほしいからです。時間がないと感じると、多くの人は、急いで会話して見つけようとするでしょう。

9 間違い探し

●2人 複 ★☆☆☆☆

ペアになります。まずAがBのことをじっと10秒間、観察します。

ファシリテーターは、10秒計ったら、「それでは2人とも後ろを向いて下さい」と声をかけます。

お互い、後ろを向いてる間に、Bは3カ所、外見のどこかを変えます。髪形の分け方を変えるとか、袖を上げるとか、靴のカカトを踏むとかです。時間は1分間。ファシリテーターが「では、向かい合って下さい」と声をかけます。

Aは、1分間の間に、Bの変わったところを3カ所当てます。当たっていたらBは拍手。違っていたら、答えを言います。今度はAが同じことをします。

両方が終わったら、ペアを変えます。今度は、1分間で4カ所変えます。お互いが終わったら、またペアを変えます。

今度は、1分間で5カ所、変えます。だんだん、あきらかに違っている、なんてものをいれないと足らなくなります。それでいいです。振り返った時、観察していたパートナーが思わず笑ってしまう、なんてのは素敵です。

さあ、最後は6カ所、変えてみます。顔の表情を入れてもよいでしょう。とにかく、強引に6ヵ所、変えて下さい。最後はあっていてもあってなくても、パートナーに拍手して終わります。

10 計算じゃんけん
●2人～5人 複

①2人バージョン　★☆☆☆

ペアになって「計算じゃんけんポンッ！」の声と共に、両手を出します。両手は、何本かの指を出します。じゃんけんの「ぐー」は、0とカウントします。「ちょき」は、2ですね。1本から5本まで、好きな数の指を出します。ペアの2人は、とにかく、4本の手の指の合計を早く計算します。早く正確に言えた方が勝ちです。

「2分間の間にどれだけ勝つか」とか「3勝したら勝ち」とかルールを入れるとより楽しくなるでしょう。

②3人以上の場合　★★☆☆

やり方は同じです。今度は3人でやります。一番早く計算できた人が勝ちです。またしばらくやったら、今度は4人にします。またしばらくしたら5人へ。速さを競って、楽しく間違えましょう。

＊参加者が、みんな真面目で、ゆっくりと真剣《しんけん》に計算するような人しかいなければ、このゲームはやめた方がいいでしょう。あくまでも、間違うことを楽しめる集団向きです。

11 握手紹介《あくしゅしょうかい》

●8人～40人　★☆☆☆☆

全員がランダムに散った後、AとBは、お互いに名乗り合って握手します。そのまま、手を離さないで別のペアを探します。CとDが握手したままだとすると、AはCと自己紹介して握手します。BはDと。そして、AはCと握手したまま、BはDと握手したまま、次のペアを探します。

3分ぐらいで何人と握手紹介できるでしょうか。

12 ピーナッツ

●5人～15人 ㊗複 ★☆☆☆☆

とても有名なアイスブレイクです。円になって座ります。僕はピーナッツの代わりに、参加者の名前や愛称にしています。

①3の倍数か、3がつく数字

1、2、ときて、3の代わりに「鈴木!」と鈴木さんは叫び、4、5、「斉藤!」と斉藤さんが叫びます。9と12も叫びますが、13も3という数字がつくので叫びます。自分の名前を元気に叫ぶのはなんだか楽しいです。

間違えたら、間違えた人から、また1から始めます。

複雑にするには、3の倍数の時は名前や愛称《あいしょう》の前に「塩《しお》」をつけます。「塩斉藤《しおさいとう》!」です。数字に3がつくときは、「生《なま》」です。33みたいに3の倍数で3がつくときは、「塩生鈴木《しおなますずき》!」です。

②7の倍数と7のつく数字

3よりも忙しさは減ります。同じく自分の名前か愛称を叫びます。

複雑にするには、8がつく数字を言ったら、逆回りにしましょう。

⓭ 握手合わせゲーム

●10人〜40人　★☆☆☆☆

ランダムに歩きながら、出会った人と握手します。

あらかじめ、握手した瞬間に何回ギュッと握るか決めておきます。1回から5回までです。

相手と握手して、ギュッと握手する回数がお互いに合っていたら「おー!」と大きな声を出して、合ったことを周りに知らせて喜び合いしましょう。

＊単純なルールですが、合うと意外に嬉しいものです。

14 重ね早たたき
●2人 複 ★☆☆☆☆

AとBが、図2のように向かい合ってお互いに両手を前に出して、交互に重なるようにします。Aの右手を1、左手を2、Bの右手を3、左手を4とすると、上から1、3、2、4となります。お互いの手は触らないで、15センチ前後空間を空けておきます。

ルールは、Bの左手4で素早く、一番上のAの右手1の甲を叩くということです。

AはBの気配を察したら、素早く右手1を引っ込めます。Bはその場合は、自分の右手3の甲を叩くことになる、というわけです。

Bがいつ叩くかを言わないで、お互いの呼吸で何回かやってみて下さい。

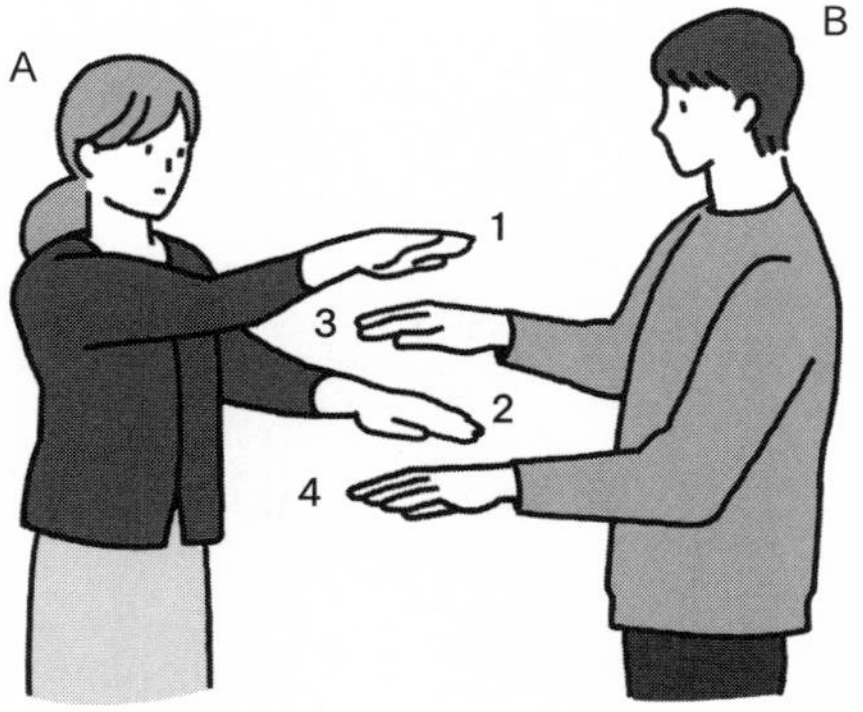

図2

15 足先ファイト

●2人 ㊫ ★☆☆☆

AとBは、向かい合って、お互いの両手をつなぎます。その状態で、お互いの足先を踏もうとする戦いです。相手の手の平を持つバージョン、相手の手首をつかむバージョン、相手の肘《ひじ》をつかむバージョン、それぞれに難しさは違ってきます。

これは、そのまま、4人、8人の輪でもできます。ファシリテーターは、30秒ぐらいの時間を区切ってみて下さい。

楽しく遊びながら、相手と交流し、体をほぐすゲームです。

16 バランスくずし

●2人 ㊫ ★☆☆☆

図3のように足を前後に開いて、お互いの前足の爪先《つまさき》をくっつけます。そのまま、相手と握手して、足を動かさないで、手だけで相手のバランスを崩そうとするゲームです。

手を引いたり、力を抜いたりしながら、楽しんで下さい。

図3

17 名前ポーズ
●8人〜30人　★☆☆☆☆

少し演劇的なアイスブレイクです。参加者が積極的な雰囲気ならやってみましょう。

円形に並んで立ちます。

ファシリテーターがまず、一歩前に出て、名前を言ってポーズをします。ポーズはもちろんなんでもいいです。すぐに後ろに下がります。すぐに全員が一歩前に出て、ファシリテーターの名前とポーズを真似《まね》します。真似したら、すぐに全員、後ろに下がります。

次に、ファシリテーターの隣の人が前に出て、名前を言いながらポーズをします。下がります。全員、出ます。以下、繰り返しです。

18 一本の鎖《くさり》
●15人〜40人　★☆☆☆☆

参加者全員で2チームに分かれます。Aチームは全員で手をつないだまま、とにかく、こんがらがります。手を離さないまま、誰かをまたいだり、くぐったりして、一本の鎖としてからみます。この間、Bチームは後ろを向いて待ちます。Aチームは充分にからんだら、声をかけます。Bチームは協力して、Aチームのこんがらがりをほぐします。

2分間の時間制にするか、ほどけるまでのタイム制にして競うといいでしょう。

19 ウィンクマーダー

●10人〜40人

①山荘《さんそう》バージョン　★☆☆☆☆

有名なゲームですが、僕は以下のようなやり方をしています。

参加者が10人前後なら殺人鬼は1人、20人になると2人〜3人。30人以上だと4人ぐらいがいいでしょう。

殺人鬼《さつじんき》になる人を選ぶ方法は以下のようなやり方をしています。

参加者全員で円形に立ち、内側を向いたまま、うつむいて目をつぶります。ファシリテーターは、円の外側を一周しながら鬼に指名する人の背中をそっと触ります。こうすれば、誰が鬼か参加者には分かりません。

殺人鬼が決まったら、無言で全員がバラバラな方向に歩き始めます。室内でしたら、雪の山荘に閉じ込められた人達、というイメージがいいでしょう。携帯の電波も入らず、脱出もできない。その中に殺人鬼が紛《まぎ》れ込んでいる。みんな、やることもなく、ランダムに山荘の中を歩きます。無言がルールです。

殺人鬼は、すれ違う時にさっとウィンクします。それが、殺人のルールです。ウィンクされた人は、心の中で10数えてから、なるべく大袈裟《おおげさ》に悲鳴をあげて倒れます。「うがーっ！」とか「きゃー！」とかですね。わざわざ10数えるのは、ウィンクされた瞬間に死んでしまうと、誰が殺人鬼なのか周りに分かってしまうからです。ファシリテーターは、例としてうんと大げさに1回、始める前に死ぬ姿を見せるのがいいでしょう。

雪の山荘では、ただ悲鳴だけが続きます。残りの人は、誰が殺人鬼か見つけ出すのが仕事です。

この人があやしいと思ったら、その人とすれ違う時に、「あなたですか？」という意味で小さく指さして下さい。他の人には分からないようにです。もし、こっそり指をさされた人が殺人鬼の場合は、「見つかりました」と手を上げて告白します。

もし、違う場合は、指をさされた人は「違うよ」と小さく首を振ります。もちろん、他の人には分からないようにです。指さした人は、間違った人を殺人鬼だと指摘《してき》した責任をとって、心の中で10数えた後、自殺します。うんと大げさな声を出して倒れて下さい。

3分前後の時間制にするのがいいでしょう。その前に殺人鬼が全員見つかるか、殺人鬼が自分達以外を全員殺せたら、終了です。

殺人鬼が複数いる場合は、殺人鬼なのにウィンクされて殺されるということが起こります。その場合は、「うがー！　殺人鬼なのに殺されましたー！」と悲鳴を上げながら死にます。めったにないですが、殺人鬼がお互いに同時にウィンクする場合があります。その場合は、2人共が同時に、名乗りながら死にます。それもまた楽しいことです。

ファシリテーターは、殺人鬼が複数の場合は、「この山荘の中に、殺人鬼が3人います」と最初に言うケースと言わないケースを選択できます。言う方が、ゲームとしては簡単になります。最初は人数を言って、もう1回やる時は、人数を言わない、なんてのがいいかもしれません。

②パーティー・バージョン　★★★☆☆

演劇的にさらに楽しむ場合は、「パーティーに紛《まぎ》れ込んだ殺人鬼」というバージョンもできます。普通にパーティーの会話をしながら、ウィンクされて死んでいくのです。パーティーが盛り上がらないようなら、ファシリテーターは、パーティーのホスト側とメインゲスト、ウェイター、ウェイトレス、その他のゲストなど、役割を振るといいでしょう。

少し高度ですが、とても面白いです。

20 握手マーダー

●10人～40人　★★☆☆☆

ウィンクマーダーと同じルールで、握手をして殺すというバージョンです。

まさにパーティー会場です。殺人鬼は、握手した瞬間に、握手した手の人さし指で、相手の手をコリコリ引っかきます。引っかかれた人は、心の中で10数えて死にます。（19と同じです）殺人鬼の見つけ方も、その後のやり方も同じです。

パーティーですから、楽しく自己紹介などの会話をしながら握手で殺して下さい。

21 ゾンビゲーム
●10人〜40人 ★☆☆☆☆

ファシリテーターは、19と同じ方法でゾンビを1人、指命して下さい。ただし、人数が多くても、ゾンビは1人です。

参加者は全員、まず目を閉じて、身体の前に手を出して肘《ひじ》を曲げます。この時、手の平を身体と反対側、正面に向けます。車のバンパーみたいなイメージです。ゾンビも目をつむって同じポーズになります。

目を閉じたまま全員がいろんな方向に歩き始めます。誰かと出会ったら、相手と手の平を合わせます。お互いが人間同士だと、無言で合わせて別れます。が、相手がゾンビの場合は、手を合わせた瞬間、「ギャー!」とゾンビは叫びます。これで、手の平を合わせた人間も、ゾンビになります。

ゾンビの目的は、もちろん、人間全員をゾンビにすることです。

人間は、誰かと触れ合ったら、必ず、手の平を合わせないといけません。もし、ゾンビとゾンビが出会って、2人が同時に叫んだら、2人は人間に戻ります。

3分前後の時間制にして、最終的にどちらが多いかを比べてみましょう。

22 SPゲーム

●15人〜40人　★☆☆☆☆

ファシリテーターが「あなたはSPです。要人《ようじん》を守る立場の人ですね。さあ、ランダムに歩きながら、守るべき人を1人、見つけましょう」と促します。参加者はいろんな方向に歩きながら（競馬の馬のように決して一方向にならないように）、守る1人を決めます。ファシリテーターは「あなたは優秀なSPですから、その人を守っていると周りにバレてはいけません。さりげなく距離を取りながら守って下さい」と言います。

さらにしばらく歩いたら「テロリストが1人、この中にいるという情報が入ってきました。さあ、テロリストを1人、見つけ出して下さい」と促します。

しばらくしたら、「あなたは守る人と、その見つけたテロリストを常に視界にいれて、歩きます。テロリストに、あなたがSPであると気づかれてはいけません」

またしばらく歩いたら、「さあ、テロリストに『お前のことは分かっているんだぞ』と警告を出すために、テロリストの脇腹か背中を、すれ違う時に、指でちょんと軽くつっついて下さい」と続けます。

それが終わったら、「では、あなたが守っている人に、『あなたを守っていますよ。安心して下さい』と知らせるために、すれ違う時に、耳にふっと息をふきかけてあげましょう。優《やさ》しくね」と続けます。

最後に、「それでも、テロリストは懲《こ》りないので、テロリストの服の一部をつまんだまま歩きましょう」と言います。

どんな風景になるか、楽しんでみましょう。

23 何個言える？
●10人〜30人 複　★☆☆☆

円になります。立っても座っても椅子を使ってもいいです。円の真ん中に1人。Aとしましょう。Aは「スタート」と声をかけます。ボールとかペットボトルとか丸めたマフラーとか、何かを全員で回し始めます。

Aは「ストップ！」と言います。すぐに例えば「乗り物！」と声をかけます。

ストップと言われた時にボールかペットボトルか何かをもっていた人Bは、すぐに、乗り物を言い始めます。同時に、ボールかペットボトルか何かを横の人に回します。

他の人は、急いで回します。Bにまた、ボールかペットボトルか何かが戻ってくるまでに、10人以下のグループなら、5つ、20人までだったら、6つか7つの「乗り物」を言わないといけません（事前に、何個言うかは決めて下さい。やってみて簡単なようなら、数を増やし、難《むずか》し過《す》ぎるようなら減らして下さい）。真ん中のAが、指を折りながら数を確認します。

Bに再び回ってくるまでに、例えば6つの乗りものが言えなかった場合は、Aと交代してBが真ん中に立ちます。そして、「スタート」と始めるのです。

お題としては、「歌のタイトル」「〝あ〟で始まる言葉」「お笑い芸人の名前」「俳優の名前」「クリスマスに関係あるもの」「夏のビーチにあるもの」などです。

24 あいうえおサークル

●10人～20人 複 ★☆☆☆

円形になります（23と同じです）。真ん中にAが立って、誰でもいいので指名して「〝あ〟で始まる言葉！」と言います。指名された人から時計周りで素早く「〝あ〟で始まる言葉」を次々に言います。

誰かが一瞬言葉に詰《つ》まったり、出てこなかったら、Aと交代です。全員がちゃんと言えたら、またAが別の誰かを指名して「〝ら〟で始まる言葉」「二番目が〝い〟の言葉」「〝ん〟で終わる言葉」などお題を言います。こういう例をファシリテーターが最初に言うと分かりやすいでしょう。

25 サメだ！

●10人～40人 ★☆☆☆

新聞紙（できれば音楽）

新聞紙を半分に折るか切るかして、人数分マイナス1の数をランダムに置きます。

軽快な音楽を流しながら、「新聞紙はイカダです。イカダの間をさあ、リズムにのって泳ぎましょう」とファシリテーターは言います。手ですいすいと泳ぐ真似なんかを見せると笑いと共に理解してもらえるでしょう。（音楽が用意できない時は、みんなで「ザザ〜ッ」と波の音を口で言います）

泳いでいる参加者に向かって、「ただし、この海にはサメがいます。サメが現れたら、『サメだ！』と私が言いますから、みなさんは、イカダの上に上がって下さい」と言います。

そして、しばらく泳いだ後、突然、音楽を切って「サメだ！」と叫びます（波の音を参加者が言っている間に、ファシリテーターが「サメだ！」と叫びます）。乗れる新聞紙がなくて戸惑っている人に「イカダの上には何人乗ってもいいです！」と言います。（おそらく）全員が新聞紙に乗ったら、また音楽を再開して、「遊泳解除《ゆうえいかいじょ》〜！」と叫びます。この時、新聞紙をひとつ減らします。「サメだ！」と叫ぶたびに、その後、新聞紙をひとつ減らしていきます。（人数が40人に近い場合は、一度に2枚〜3枚減らしたりして、時間を調整します）

イカダに乗れない人が現れます。その人は、ゲームから外れます。最終的に、何人生き残るか、最後のイカダ、一枚の新聞紙の上に何人乗れるか楽しみましょう。

26 相手探し

●10人〜30人（偶数）　★☆☆☆☆

紙（人数分）とテープ

紙とテープを用意します。

紙には、「ロミオ」や「ジュリエット」、「トトロ」や「メイ」、「桃太郎」や「きびだんご」など、対になる単語の片方ずつをあらかじめファシリテーターは書いておきます。人数分、用意して下さい。それをファシリテーターは、後ろを向いてもらった参加者の背中に、本人には見えないように貼《は》っていきます。セロハンテープよりできれば養生《ようじょう》テープなどの方がいいでしょう。

人数が多い場合は、2チームに分けて、参加せず見学する方のチームの人に参加者本人に見せないようにしながら、貼り付けるのを手伝ってもらうのがいいでしょう。

用意スタートで、参加者は自分のパートナーを探します。話してはいけません。2分ぐらいの時間制で、その時間内に相手を見つけたと思った人は、ファシリテーターに2人で見せにきます。

そんなことは不可能だ？　まあ、やってみましょう。

合っていれば、卒業です。

違っていたら、本当のパートナーを求めてまた旅に出ます。

27 握手の旅
●8人～40人　★☆☆☆☆

全員がランダムに歩きながら、出会った人と握手をします。

AがDと握手すると、Aは握手しながら「Aです」と自分の名前を言います。Dも、すぐに「Dです」と自分の名前を言います。

次にAは「Dです」と、相手の名前を言います。Dも「Aです」とAの名前を言います。この時点でAはDと名乗り、DはAと名乗るのです。

Aは、次にCと握手するとします。Aは「Dです」と名乗ります。Cは、直前にEと握手して名前を交換しているので、「Eです」と名乗ります。Aはその直後から「Eです」、Cは「Dです」と名乗ります。

こうして、握手と共に名前が旅をするのです。

握手するたびに、相手の名前を名乗るようになります。やがて、AがJと握手した時に、Aは「Hです」と言うと、Jは「Aです」と言ったとします。Aという名前が旅をして、Aに戻ってきたのです。Aは「Aです」と言って旅が終わります。この時点で、全員に「一致しました」と告げて、集団から抜けます。他の人が全員、自分の名前と出会える時を待って下さい。Jは「Hです」と言って次の相手を探します。

＊ただし、このゲームは、20人を越えると、たいてい「握手した相手の名前を忘れました」という人が出てきます。握手のたびに名前を交換するので、覚えきれなくなる人が出てくるのです（笑）。その場合は、「じゃあ、まあ、この辺で終わりますか」と、忘れた人の責任にならないようにしながら、じわっと終わって下さい。

僕は30人ぐらいでこのゲームを何度もやっていますが、最後まで終わったことは一度もないです（笑）。それでいいと思います。

終わらせることが目的ではなく、相手の名前を覚えながらも、楽しい雰囲気になることが大切ですから。

Ⅲ　感情と体を育てるレッスン

円形バージョン

感情と体をほぐし、育てるさまざまなゲームのうち、円形でやるものを集めました。

円形になるのはもちろん、重要な意味があります。

❶ 円形に並ぶ

●6人〜40人 ㊓　★☆☆☆☆

円形に立って並ぶだけでも、じつは大変です。小学校高学年でも、1クラス30人前後の生徒が、お互いの顔がちゃんと見える円形になるまでに、2分前後かかります。

一度、小学6年生を相手にワークショップをした時、なかなか、きれいな円になりませんでした。

突然、先生が厳しい顔で「ほら、そこ、引っ込んで！　そこ、前に出て！」と子供達に叫びました。

その瞬間、子供達の「何が始まるんだろう」というワクワクした気持ちはすっかりなくなり、完全に萎縮《いしゅく》して、大変なことが始まるという警戒《けいかい》した顔と体になりました。

先生は叫んだ後、僕を見て、「さあ、鴻上《こうかみ》さん、楽しいワークショップをお願いします」と言いました。先生は、生徒が先生の指示どおり円形に並べたので満足しているようでした。

丸くなるのに時間がかかっていいのです。それもまたワークショップの一環《いっかん》です。「そこ、引っ込んで」という指示の代わりに、「お互いの顔がちゃんと見えますか?」とファシリテーターは聞きます。その言葉で、お互いの顔をキョロキョロみて、前に出たり後ろに引っ込んだりするのが、大切なプロセスなのです。ファシリテーターも参加者の1人として、みんなの顔が見える円の1人になるのが素敵だと思います。

大人でも、やる気が過剰《かじょう》にあったり、自分のことに精一杯で周りが見えてない人は、円形に並ばずに、円から飛び出ていたりします。まずは、周りを見て、自分の立ち位置を調整することが大切なのです。

＊円形に並ぶことで、ファシリテーターを含めて全員が対等な立場になります。そして、お互いの顔が見えます。アイコンタクトが可能になるのでコミュニケーションが容易になり、相互理解の可能性が広がります。円形に並ぶことが「演劇ワークショップ」の基本です。
なお、この本では、円に並ぶ場合は、立つのが基本です。座る時は、円形に座ると書きます。

2 円形ストレッチ

●6人～40人 複 ★☆☆☆☆

①引っ張る

円になったまま、隣《となり》の人と手をつなぎます。

そのまま、後ろに下がって大きな円になります。いっぱいに広がると、両隣の人に引っ張られて、自然に胸が大きく開く感じがするはずです。

もし、部屋が狭くて、大きな円になれない時は、どこからでもいいので、「1、2、1、2」と順番に言ってもらいます。1と言った人が前に進み、1同士で手をつなぎます。2と言った人は動かないで、2同士で手をつなぎます。円を二重にして、小さくする方法です（さらに多い場合は3まで数えて三重の円にします）。

②手の平を合わせる

次に、円を少し小さく戻して、全員が両手の平を隣の人と合わせます。そのまま、両隣の人と手の平を合わせたまま、ゆっくりと上下に押し合いします。両側の人の力を借りて、肩甲骨《けんこうこつ》辺りを動かすストレッチです。

3 円形イス
●8人～40人 複　★★☆☆☆

円になったまま、どんどん真ん中に進んで円を小さくします。両肩が隣の人とぶつかるぐらいになったら、左を向いて、そのままもっと小さな円になります（図4のように前の人の肩を持つと、小さくなりやすいです）。前後がきつくなって、もう動けなくなった時点で、ファシリテーターの掛け声と共に（肩を持っていたら手を離して）図5のように後ろの人の膝《ひざ》の上に座ります。

これは全員で同時にやらないと、失敗します。前後の人との体の間隔《かんかく》が開いていてもうまくいきません。

成功すると、全員が後ろの人の膝の上に座った円ができます。中空の椅子です。楽しそうでしょ。

成功したらお祝いに、座ったまま、前の人の肩をもみます。

次に、右手で床をちょんと触って戻ってきます（左を向いているので、右手は円の中心部側です）。もちろん、後ろの人の膝に座ったままです。それも成功したら、今度は、右手を床と平行に伸ばしたまま、左手で床をちょんと触って戻ってきます。

図4

図5

一度も円が崩《くず》れずに全部できれば、大成功です。失敗したら、それも楽しみましょう。

4 円形ひっくり返し

●5人〜20人 複 ★☆☆☆

円の中心を向いて全員で手をつなぎます。そのまま、全員がひっくり返って、円の中心に背中を向けるようにするレッスンです。子供の頃やりました? さあ、やってみましょう。

5 円形知恵の輪

●6人〜15人 複 ★☆☆☆

円形になったまま、小さな円になるまで近づき、片手ずつ誰かの手を握ります。両手とも同じ人の手を握ってはいけません。

全員が誰かの手を握ったら、握ったままで円をほどくのが目的です。

こんがらがった円も、試行錯誤を続けるうちに、円に戻ったり、小さな円と中くらいの円に分かれたりします。誰がどこをくぐって、誰がどこをまたいで、と参加者で知恵を出して下さい。

2分間ぐらいの時間制限がいいでしょう。時間がきたら、ファシリテーターは声をかけて下さい。難しくてほどけない時もありますから、落ち込まなくていいです。楽しくやりましょう。

6 円形視線キャッチ

●6人〜20人 ㊥ ★☆☆☆☆

①合って悲しみ

円形になって、全員が下を向きます。ファシリテーターの「1、2、3！」の掛け声で、同時に顔を上げます。誰かと目が合っていたら、悲鳴を上げてその場にしゃがみます。死んだというイメージです。

最後まで生き残った人が勝ちです。

②合って喜び

同じように「1、2、3！」で顔を上げます。誰かと視線が合っていたら、喜びの声を上げて、2人とも円から抜けます。

参加者が奇数なら、最後に1人残ります。偶数なら、最後に2人残って、お互いに視線を合わせておしまいです。

①と②、両方やってみて違いを楽しんで下さい。

＊ファシリテーターとして、参加しながら声をかけることもできるし、円の外でもできます。1チームしかなければ、ぜひ参加して下さい。複数チームの場合は、全体を見る必要があると感じたら、参加しない方がいいでしょう。

7 サークル・スイッチ

●10人〜40人 ㊐ ★☆☆☆☆

円形に並び、円の真ん中に1人立ちます。

円形に立っている人同士で目と目が合ったら、「ポジション、交換する？」と目で会話します。もちろん、無言です。

交渉《こうしょう》が成立したら、お互いの立ち位置を、走って素早《すばや》くスイッチ（交換）します。真ん中に立っている人は、スイッチする2人の気配を察して、素早く動いて、どちらかの立ち位置に滑り込みます。

10人の参加者がいて、3番と6番の人が交換しようとします。真ん中に立っている人が6番の立ち位置に滑《すべ》り込んだら、そこに入ろうとしていた3番の人が、次の「鬼」というか真ん中に立つ人になります。すぐに真ん中で、他のペアがスイッチするのを待ちます。

もちろん、目で交渉する時に、拒否《きょひ》権もあります。1番の人が7番の人を見つめて、交換しようよと合図しても、7番の人はしたくなければ拒否できます。

スイッチするのは、1回に1組です。同時に何組もスイッチすると、混乱して収拾《しゅうしゅう》がつかなくなるからです。結果的に重なることはしょうがないですが、なるべく、1回に1組ずつスイッチします。

＊これは欧米から始まったゲームですが、欧米発のゲームが優《すぐ》れているなと感じるのは、「やりたく

なければやらなくていい」という抜け道を用意していることです。

冒険者は、どんどん、スイッチする相手を探して、挑戦できます。でも、失敗したくない、鬼になって恥《はじ》をかきたくないと思っている人は、1回もスイッチしなくていいのです。

ずっとスイッチを拒否しながら、積極的に冒険して、何回も鬼になっている人を見ているうちに「楽しそうだな」と思うかもしれません。そして、「ただ、じっと動かないで、スイッチを拒否している自分はなんだろう」と思うかもしれません。

それは、先生や演出家、リーダーから強制的に「スイッチしなさい」と言われることより、はるかに自分を動かします。

「あなたが変わるかどうかは、あなたが決める」という哲学に裏打ちされたゲーム観だと感じるのです。

8 ジャンピング・タッチ

●10人～50人 複 ★☆☆☆

円形に立ちます。真ん中にいるファシリテーターが、例えばAの前に進み、ジャンプしながら両手でタッチします。（Aもジャンプしながらタッチを受けます。ハイ・タッチのやり方ですね）

タッチされたAは、ファシリテーターと交代して、タッチする相手を円の中を移動しながら探します。ファシリテーターは、Aが立っていた場所に入ります。

Aは誰かの前に立って、ジャンプしながらタッチします。タッチされたBは円を出て、AはBがいた場所に立ちます。Bは誰かとタッチします。この動きの繰り返しです。

もし、参加人数が40人ぐらいでも、グループを分けないで一緒にやった方がよいと思った場合は、ファシリテーターはAが誰かの前に進んでいる間に、もう一人、Cの前に立ってジャンプしてタッチします。Cは誰かの前に進みます。ファシリテーターはCの場所に立ちます。これで、2人の人間が、タッチする相手を探して、円の中を動いていることになります。

2人でも少ないと思ったら、ファシリテーターはもう一人、Dの前に立ってジャンプします。これで3人が動いてます。

こうして、ただじっと見ている人が増えないようにするのがいいでしょう。

9 キラーサムシング

●10人～30人　★☆☆☆

クッションのようなもの

円形に手をつなぎます。円の中心に、大きめのダンボールとかマットを丸めて立てたものとか、大きなクッションとかを置いておきます。

ルールはきわめてシンプルです。全員が手をつないだまま、引っ張りあいをして、誰かが真ん中のダンボールやマットなどに触るようにしむけるのです。

触った人間から抜けていきます。最後は、２人の力合戦になりますから、２人になった時点で、２人とも勝者にした方がいいでしょう。

ただし、真ん中に椅子とか固いものを置くと危険です。ケガをする可能性があるので避けて下さい。

10 ００７

●5人～20人 複 ★☆☆☆☆

円形に立ちます。最初の人が、誰かを指さして、「ゼロ！」と元気に素早く言います。指された人は、すぐに「ゼロ！」と言いながら別の人を指さします。指された人は「セブン！」と言いながら、誰か別の人を指します。

指された人は、片手の指で銃《じゅう》の形を作って（人さし指を伸ばして、親指を立てる形ですね）誰かに向かって「ズギューン！」と声を出します。銃で撃《う》ったということです。

撃たれた人は、「うっ！」とか「うがッ！」とか、なるべく派手に声を出して、リアクションします。倒れなくてもいいですから、体を曲げるとかねじるとかです。

次の瞬間に、撃たれた人の両隣の人が、撃たれた人を見ながら、「キャー！」と派手なリアクションをします。驚いたポーズを忘れないように。

その声が終わったら、撃たれた人は、誰かに向かってすぐに、「ゼロ！」と言いながら、指さします。

あとは繰り返しです。

なるべく早く、元気に。そして、リアクションは大きく、がゲームを楽しくするコツです。

11 リズム・サークル

●5人〜30人　★★☆☆☆

円形にあぐらをかいて座ります。

まずファシリテーターが手や太ももや床や頬《ほお》などを叩いてリズムを作ります。例えば「(両手) パンッ！(床を両手で) ドン！(太ももを右手で) パンッ！(太ももを左手で) パンっ！(両頬を両手で) パンッ！」とするとします。

ファシリテーターは2回繰り返します。その後、全員が2回、真似《まね》をします。

ファシリテーターの左隣の人が、続けてファシリテーターのリズムを1回繰り返します。そして、自分のリズムを発表します。

2回続けた後、全員で2回繰り返し、その左隣の人が1回繰り返し、自分のリズムを作ります。この繰り返しです。

12 ナンバー・コール

●7人〜25人 複 ★☆☆☆☆

子供の頃、やった人も多いんじゃないでしょうか。各地でいろんなやり方がありますが、僕は以下のようにやっています。

円形に座ります。人数によりますが、13人だとすると、一人ずつ順番に、「会長」「社長」「専務」「部長」「課長」「係長」「1」〜「7」とします。数字は正確には「社員1」ということですが、数字だけにします。

一番下を、「7」にしないで、僕が子供の頃は「便所」と言ってました。なんと呼ぶかは参加者で決めるといいと思います。笑い合える関係なら「カス」とか「ゴミ」とかでもいいですし、「ポチ」とか「ミケ」なんて人間以外にしてもいいし、犬や猫に失礼だという場合は、「ポンコツ」とか「へたれ」なんてのもいいかもしれません。

全員で、リズムにあわせて、まず、両手で太ももをポンッと叩いて、次に手を1回叩きます。そして、図6のように指を軽く握ったまま親指だけを立てて、外側に順番にクイッと軽く倒します。右親指を倒して、左親指を倒すのです。

まず、一番下のポンコツから始めます。動作は全員でやりますが、声を

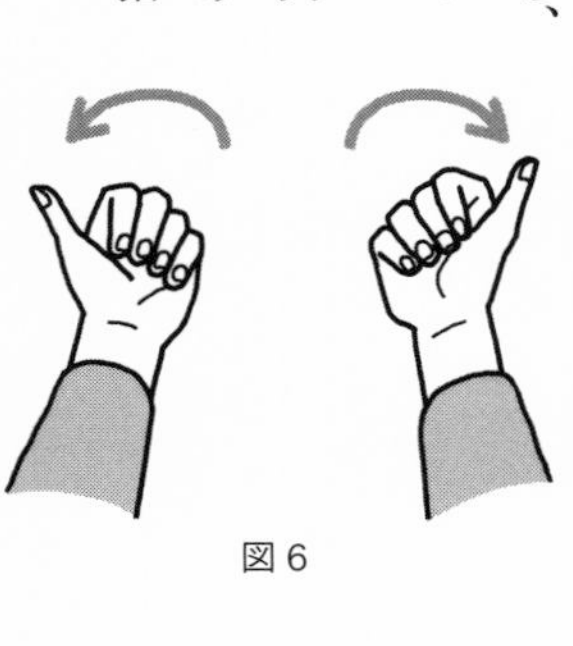

図6

出すのはポンコツだけです。両手で太ももを叩き、手を叩き、右の親指を外側に倒すのにあわせて「ポンコツ」と自分の立場を言い、次に、左の親指を外側に倒しながら例えば「課長」と続けます。「(ポン、ポン)ポンコツ、課長」ということです。呼ばれた課長は、また太ももを叩き、手を叩き(全員がやりますが)「(ポン、ポン)課長、2」と親指アクションつきでやります(このアクションも、もちろん全員がやります)。以下は同じです。

リズムにあわせてうまく言えなかった場合は、失格です。失格になると、あなたがどこにいても、ポンコツの場所に移動になります。円形に座っていて、3の人が間違えると、ポンコツの位置に移動します。もし、番号が6まであったとしたら、6の人が5に、5の人が4に、4の人が3に、ポンコツの人が6にひとつ出世します。

ですから、会長が間違えると、会長はいきなりポンコツに移動しますから、全員がひとつ隣に上がる(移動する)ことになります。

座っている場所を、一回一回、ちゃんと動くことが、このゲームの面白さです。

「リズムに乗って言えなかった」という他にも、失格のルールがあります。あなたが6だとして、課長から「課長、6」と呼ばれて、「6、課長」とそのまま返したら失格です。

もし、メンバー全員がだんだん慣れてきて、簡単にミスしなくなったら、自分の両隣の人を言ってはいけない、というルールを足します。1の人なら、係長と2の人を呼んではいけない、ということです。

このゲームを面白くするコツは、だんだんと速度を上げていくことです。

⑬ サークル・ジャンプ

●10人〜30人 複 ★☆☆☆☆

全員で手をつないで円形になります。

①最初の人（ファシリテーター）が「右！」と言うと、全員が「右！」と言いながら、右に一歩跳《と》びます。円が右にひとつ、回るわけですね。

次は、ファシリテーターの隣にいた人が「左！」と言うと、全員が「左！」と言いながら左に跳びます。（時計回りでも反時計回りでもどちらでも）

方向としては、4つ。「右」「左」「前」「後ろ」です。

20人ぐらいのグループまでなら、全員が順番に言って、一周するのがいいでしょう。

（それ以上多い場合は、ファシリテーターが途中で止めます）

②一周したら、ファシリテーターは「今度は、右！ と言ったら、全員、反対の『左！』って言って、左に一歩跳びます」と説明します。「みんな、反抗期《はんこうき》に突入したんですね」なんて言葉を添えるのもいいでしょう。

もちろん、「前」なら「後ろ」、「後ろ」なら「前」と言います。

ファシリテーターが「右！」と言い、全員が「左！」と言いながら、左に一歩跳びます。その隣の人が、また指示を出していきます。

③一周回ってきたら、ファシリテーターは、「今度は、私が右って言ったら、みんなは右ってそのま

ま言うんだけど、左に跳びます」と説明します。

口だけ同じことを言って、行動は逆らうわけです。「ちょっと知恵がついて、一応、従った振りをして、反対のことをするんですね」なんて言いますか。

まず、ファシリテーターが「右！」と言うと、全員が「右！」と言いながら、左に一歩、跳びます。もし、ファシリテーターが「前！」って言ったら、全員、「前！」と言いながら後ろに飛ぶのです。

次々と指示を出して、また一周しましょう。③は★★☆☆です。
④一周回ってきたら、ファシリテーターは「さあ、最後ですよ。私が『右！』って言ったら、全員は『左！』って言うんだけど、右に跳びます。口だけ反抗して、行動は従うんです。もっと知恵がついて、形だけは反抗しているけど、実際は従うんですね。これを大人になったというのでしょうか」なんてことを言いますか。
これは、とても難しいです。もし、複数のチームでやっている場合は、①、②、③は、同時にやっていいですが、時間があれば、④だけは、それぞれチームごとに順番にやって、他のチームが見ると楽しいです。もちろん、同時にやってもかまいません。④は★★★☆です。

＊こういう難易度《なんいど》の高いものをやるのは、「はじめに」でも書いたように、「失敗してもいい雰囲気を作る」ためです。稽古場《けいこば》はもちろんですが、教室でも会議室でも「失敗することが平気」で「失敗することが特殊《とくしゅ》なことでない」雰囲気を作ることが大切なのです。
また、ファシリテーターとして全体を見たいと思う人は、円の外にいて下さい。ただ、ファシリ

テーターが参加者と同じように間違うのは、みんなリラックスして幸せになるものです。

14 拍手回し《はくしゅ》

●10人～30人㊋ ★☆☆☆

円形になったまま、左隣（右隣でも可）の人に向かって、1回拍手をします。ファシリテーターからスタートするのがいいでしょう。左隣の人は、すぐに、自分の左隣の人に1回拍手をします。

1回、手を叩くだけですから、厳密には拍手ではないのですが、隣の人に向かって一回だけですが、次々と手を叩くので、それが続いて、拍手のようになるので「拍手回し」と呼ぶのです。

1周目が回ってくると、自分も参加しているファシリテーターは「早く、元気に」と声をかけながら、早く元気に拍手を回します。

2周目が回ってきた時に「ちゃんと拍手を隣に渡しましょう」と告げます。

3周目では「声も出します」と告げます。手を叩きながら、同時に声も出すのです。「はい！」とか「おう！」とかの声になりがちです。

4周目では「いろんな声で」と告げましょう。

5周目では「いろんな声なんだけど、早く元気に」。

6周目では「場合によっては逆回りも可」と告げて、ファシリテーターは反対側の人に拍手を回します。後は、参加者の自由です。

しばらくしてまた、ファシリテーターに回ってきたら「場合によっては、相手の目を見て飛ばすことも可」と告げて、円形にいる誰かの目を見て、手を叩きながら声を飛ばします。

この時、誰に声を飛ばしたか、手の方向で示した状態で声を出す人がいます。

レッスンの初期、自分の声がどこに飛ぶのかイメージしにくい時には、この「手で相手を指し示す」形は有効だと思います。手裏剣《しゅりけん》を投げるようなポーズですね。

ただ、「声をベクトルとして意識して飛ばす」（『発声と身体のレッスン』参照）ということを目標とする場合には、手の形で誰を示しているかを明確にしない方がいいと思います。ただ、手を叩いて、相手に声を飛ばすのです。

そうすると、誰に声を飛ばしたか分からない状態が出現します。自分かどうか分からず戸惑う状態です。それでいいのです。それは、声のベクトルが明確ではない、という状態を教えてくれるのです。

しばらくやったら、「相手の声を受け取る時の声も出しましょう」と言って、ファシリテーターが見本を見せます。誰かに拍手と共に声を飛ばしてもらい、「おう！」と受け取り、「はい！」と手を叩いて飛ばすのです。

ある程度やったら、次に「手以外で受け取って、手以外で投げます」と言います。

お腹で相手の声を受け止めて、足で投げてもいいし、お尻で受け取って口で投げてもいいし、全身で受け止めて、全身で投げてもいいです。声を受け取め、投げることを楽しみましょう。

＊これは精神と身体をほぐし、遊ぶゲームですが、同時に、声のレッスンにもなります。

「声のベクトル」とは、自分の出す声の「方向と幅」を常に意識することが大切だということです。自分の声が、どの方向にどれぐらいの幅で届いているのだろうと意識することが、声を自由に使うための大切なステップなのです。

15 わたし、あなた

●6人～15人前後 複 ★★☆☆☆

円形に立ちます。

①自分の胸辺りを指さして「わたし」と言い、続けて円の誰かを指さして「あなた」と言います。

（一本指で人を指すと失礼な感じになるかもしれないので、5本の指をまとめて丁寧《ていねい》に相手を示します）

言われた人は同じように、自分の胸の辺りを五本の手で示して「わたし」と言い、また、円の誰かに向かって丁寧に「あなた」と指示します。

②何回かやって慣れてきたら、今度は、「わたし」と自分を示し、「あなた」と指示したら、その指示した人が立っている場所に向かって歩き始めます。

指示された人は、素早く「わたし」と自分を指さして、「あなた」と円の誰かを示します。そして、すぐにそこに向かって歩き始めます。

焦《あせ》ると、「あなた」と言いながら動き始める人がいますが、ちゃんと、「あなた」と示してから、歩き始めて下さい。

だんだん慣れてきたら、スピードをあげます。

③もし、お互いが知り合い、または知り合った方がいい場合は、「わたし」「あなた」をしばらく続けた後、自分の名前と相手の名前を言います。自分の名前が山田なら「山田」と自分を示し、「鈴木」と鈴木さんを示して、歩き始めます（名前を覚えるのが難しい場合は、飛ばします）。

④しばらく名前を続けたら、途中でファシリテーターは、ルールの変更を告げて下さい。理想的なタイミングは、自分の名前が呼ばれた時です。ファシリテーターの名前が「佐藤」の場合、「佐藤」と自分を示した後、「これ以降、名前ではなく、しりとりにします」と言って、「佐藤」の「う」で「馬」と言いながら、誰かを示して、歩き始めます。言われた人は、「馬」と言いながら自分を示し、すぐ「まんじゅう」と言いながら誰かを示し、歩き始めます（③を飛ばした場合は、ファシリテーターは途中で、「ではルールを変えます」と言って、適当な単語を出して、それにしりとりを続けて下さい）。

⑤しばらくやったら、ファシリテーターは「しりとりは難しいので、連想に変えますね」とゲームを変更します。「『馬』と言われたら、自分を『馬』と言った後、連想する言葉を言います。自分の連想ですから、なんでもOKです。競馬でも、牧場でも、牛でも、武士でも、とにかくなんでもいいです。連想ですから、本人の自由です」と言いながら、例えば「馬車」と言いながら、誰かを示し、歩き始めます。

しりとりの時は、難しくてなかなか速度があがらないと思いますが、連想は自由ですから、なるべく素早く言って移動するようにファシリテーターは促します。小走りに相手の場所に移動するぐらいのイメージです。

⑥しばらくやったら、ファシリテーターは「それでは、連想には大分慣れてきましたから、二段階連想にします。つまり、『馬』と自分を指したら、『馬車』と言い、さらに『馬車』から『シンデレラ』と連想して、誰かを示すのです。そして、もちろん、歩き始めます。言われた人は、『シンデレラ』『王子様』と言いながら自分を示し、次に『お城』で誰かを指します。

ファシリテーターは、慣れてきたら、どんどん速度をあげるように促《うなが》しましょう。

＊早くなってくると、意外な連想が出てきたりして面白いものです。「恋愛」「ずいぶん」「してない」なんていう、連想か告白か分からないものもでてきます。でも、速度が大切ですからＯＫです。渡された人は、「してない」「海外旅行」と自分を指して、「フランス！」なんて連想になるかもしれません。

体と気持ちをほぐす最適なレッスンです。

16 ぞうきん・ふきん・モップ

●6人〜20人 複

世界的には、「ZIP ZAP BOWING」と呼ばれているものです。

僕もずっとこの名前でやっていましたが、仙台にワークショップに行った時に、小学生が、「ぞうきん・ふきん・モップのことだ！」と叫ぶのを聞いて、名前をもらいました。外国産の見事な日本化だと思います。ナポリタンとかオムライス、そしてラーメンに通じる素晴らしさですね。

さて、円になります。

あなたは高給なレストランのウェイター・ウェイトレスだとイメージして下さい。

右手の平の上に、「ぞうきん」が乗っている感じです。右隣の人に向かって、手の平を上にしたまま、「ぞうきん！」と言いながらぞうきんを差し出します。この時、図7のように腰《こし》をちゃんとひねって体ごと隣の人に示して下さい。手だけでやらないように。

左手の上には、「ふきん」が乗っているイメージです。手の平にふきんを乗せたまま、腰をひねって左隣の人に「ふきん！」と言いながら示して下さい。

「モップ」は、円の中の誰かの目を見ながら、図8のように両手でモップを差し出すイメージです。もちろん「モップ！」と言いながらです。ただし、両隣の人には、モップはできません。近すぎて、当たると痛いですからね。（念のために言っておきますが、ぞうきんもふきんもモップもイ

図7

図8

メージで架空のものです。用意しなくていいですからね）

①ノーマルバージョン　★☆☆☆

ゲームのルールは、まずAから始めます。右に「ぞうきん」と言って始めてもいいし、左に「ふきん」と言って始めてもいいし、両隣以外に「モップ」と言って始めてもいいです。

例えば、AからH、全部で8人の参加者だとしたら、Aは左隣のHに向かって、元気に「ふきん！」と言いながら、腰をひねって体ごと左手の上にある（とイメージしている）ふきんを差し出します。言われたHは、右のAに向かって「ぞうきん」と返してもいいし、さらに左のGに「ふきん」と言っていいし、Dに向かって「モップ」と言ってもいいです（ふきんを差し出したAは、言い終わったらポーズをやめます）。

これを素早く元気に繰り返して、誰かがトチるのを待つというゲームです。（と書くと、なんだかいじわるなゲームのように感じますが、そんなことはありません。トチっても楽しく笑ってしまいます）

例えば、隣の人に「モップ」と言ってしまったり、左隣の人に「ぞうきん」と言ってしまった人は、円の中に入って座ります。ここを僕は「便所」と呼んでいます。便所の参加者は増え続けます。交代しません。

ただし、便所に入ったらもう人生が終わりではありません。便所は「微妙な言い方をジャッジする」という重要な使命があります。

例えばBが左手を出しながら「ぞう……ふきん！」と言ったとします。これをOKとするかNGとするかは、便所にいる人が決めます。もめたら便所の人同士でジャンケンか、多数決です。

最終的には、3人が残ったところで終了です。3人だとモップができなくなるので（両隣にできないので）ここで終了なのです。

つまりベスト１ではなく、ベスト３を決める平和なゲームです。

ただし、元気に早くやらないと終わりません。ゆっくりと丁寧に静かにやってたら、たぶん、１年やっても誰もトチりません。ファシリテーターは「素早く元気にやって下さい」と声をかけます。

「失敗することを避けること」ではなく、「楽しく失敗すること」がゲームの目的だからです。

②モップ連続禁止バージョン　★☆☆☆

①のルールで最後の３人が決まったら、ファシリテーターは「では、ルールを少し変えます。次は、モップを連続してはいけません」と言います。やってみると分かりますが、「モップ」と言われると、「モップ」と続ける人が多いのです。
「素早く元気に」と言うことも忘れないように。
①で残ったベスト３がじゃんけんして、誰から始めるか決めます。勝った人から始めて、またベスト３を決めましょう。

③逆バージョン　★★☆☆

次に、ファシリテーターは、「今まで右手が『ぞうきん』、左手が『ふきん』でしたが、これからは、その逆。右手が『ふきん』、左手が『ぞうきん』にします。『モップ』を連続してはいけなのは同じです」と告げます。

だんだんと腰を切る余裕がなくなって、手だけで隣に渡す人が増えてきます。ファシリテーターは「ちゃんと腰を切って下さいね。手だけでやらないで」と言って下さい。

素早く元気にやってベスト3を決めましょう。

④逆モップバージョン　★★★★☆

最後のルールです。もう一度、右手を「ぞうきん」、左手を「ふきん」に戻しますが、誰かが「モップ」と言った次の瞬間から、右手が「ふきん」、左手が「ぞうきん」になります。

そして、また誰かが「モップ！」と言えば（「モップ」の連続の禁止は同じです）、右手は「ぞうきん」、左手が「ふきん」になります。

例えば、いきなりAが「モップ！」と始めたら、受け止めたDは、右手が「ふきん」、左手が「ぞうきん」になります。この時、Dがうまく言えなくて便所に入ったとします。でも「モップ」は声に出されていますから、右手が「ふきん」の状態で続きます。

こんがらがるルールですから、今回は、特に便所の役割が大きくなります。今右手が「ぞうきん」なのか「ふきん」なのかを、見極めて下さい。

このルールを発表すると、たいていの人は悲鳴を上げたり、ムリムリと首を振ったり、ムッとしたり、呆然《ぼうぜん》と諦《あきら》めたりします。

そして、いざゲームが始まって、「モップ！」と言われると、ぐっと詰まって勢いで「ぞうきん！」と叫ぶ人や、周りに媚《こ》びながら「ふきん？」と言う人や、何も言わないで諦めて便所に座る人などが現れます。

＊演劇ワークショップの中でも、ゲームの要素の強いものは、シアター・ゲームと呼ばれ、それぞ

れに目的があると前述しました。このゲームの目的は、「困難《こんなん》に直面したとき、どんなふうに生きてきたか」を知ることです。

④の「逆モップバージョン」は、速いテンポでやれば、ほとんど不可能な困難です。そういう時、力一杯「ぞうきん!」と叫ぶ人は、「ただ勢いだけで生きてきた人」でしょう(笑)。「モップ」と言われた時だけではなく、「逆モップバージョン」のルールを聞いた瞬間の反応が、あなたが生きてきて、困難とぶつかった時の生き方です。「諦めながら生きてきた人」「周りに媚びながら生きてきた人」「不平を言いながら生きてきた人」などなど、このゲームをした後、自分を振り返ることをファシリテーターは勧めて下さい。

このゲームをやらないで、先にここを読んで知ってしまった人は、ちょっぴり残念です。が、まあ、こんなことは忘れて楽しんで下さい。

アクティブバージョン

円形以外の、感情と体をほぐし育てるレッスンです。円形バージョンに比べて、運動量が求められるものが多いです。参加者のレベルにあわせて調整して下さい。

1 当てはまりランニング

●8人〜100人　★☆☆☆☆

まず全員で軽く走ります。会場全体になるべく広がるようにファシリテーターは指示を出します。少し走ったら、ファシリテーターは「ストップ！」と声をかけます。そして例えば「誕生日が偶数の人だけ走る」と言います。「なるべく立ち止まっている人の間を走って下さい」と付け加えます。「なるべく素早く、軽快に、楽しく」とも。

今度は、「誕生日が奇数の人！」（以下も必ず反対の条件を言いましょう）「ラーメンよりうどんが好きな人」「西日本出身の人」「ごはんよりパンの方が好きな人」などなど、自由に。

だんだん、集団が温まってきたら「私は恋がしたい」とか「私は寂しい」とか「私には忘れられない人がいる」とかも楽しいです。以前のワークショップで「私は寂しい」と言ったら、若い男性が一人、みんなの間を必死で走っていました。立ち止まっている人から温かい笑い声が漏れて、なんだかしみじみしました（笑）。

2 素早くタッチ

●10人〜100人　★☆☆☆☆

音楽

軽快な音楽をかけて、全員で歩きます。しばらくしたら、音楽を急に止めて（または、音量を低くして）、「誰かの服の赤色にタッチ！」とファシリテーターが叫びます（それぞれが私服のトレーニング・ウエアで参加している場合です。全員が体操服など、同じ格好の場合は、後半の部分から始めます）。ファシリテーターは「急いで！」「早く！」と、素早く赤色にタッチできるように〝煽《あお》り〟ます。タッチしたら、また音楽を再スタートして（または、音量を大きくして）「タッチしたまま、その場でリズム！」とファシリテーターは言います。

全員は、赤色にタッチしたまま、足でも全身でも何でもいいので、楽しくリズムを取ります。しばらくその場でリズムをとったら、ファシリテーターは「タッチしたまま、リズムを取りながら移動！」と続けます。「なるべくかっこよくリズムを取って下さい」と足します。

しばらくしたら、ファシリテーターは「解除《かいじょ》ー！」と叫んで「リズムに合わせて歩いて下さい」と続けます。しばらく、このタイプの指示を続けます。「誰かの服のアルファベットにタッチ！」「誰かの服の緑色にタッチ！」「誰かの服の数字にタッチ！」「誰かの茶色い髪にタッチ！」などです。すべて、タッチしたら、その場でリズムをとり、しばらくしたらタッチしたままリズムをとりながら移動します。

これが前半です。

後半は、「お尻とお尻をタッチ！　ペア！」とファシリテーターは叫びます。偶数の方がいいですが、奇数の場合は「3人でもいいよ！」と付け加えます。

「背中はくっつかない！　お尻だけ！」とファシリテーターは言います。指示を出す時は、指示がよく聞こえるように、音楽を止めるか音楽を小さくします。

図9のようにお尻とお尻をくっつけたら、「その場でリズム！」と言うのは同じです。しばらく、その場でリズムをとったら、「くっつけたまま、かっこよく移動！」とファシリテーターは言います。しばらく移動したら「解除ー！」と叫び、「そのまま、自由に歩きます」と指示を出します。この時、「後ろ向きに歩きます」とか「スキップします」とか「かかとだけで歩きます」というような変化球を出すと楽しいです。

次に例えば「背中と背中、ペア！」とか「頭と頭、ペア！」「肘《ひじ》と肘《ひじ》、ペア！」なんて指示します。集団が温まってきたら、「膝《ひざ》と膝《ひざ》！」「脇と脇！」「ほっぺとほっぺ！」なんていう大胆な指示も可能です。

参加者が思春期で自意識にのたうっている場合は、「人さし指と人さし指をくっつけてペアになりましょう！」とか「靴の爪先と爪先をくっつけてペア！」ぐらいでも充分でしょう。

温まった集団だと、そのまま、「誰かをおんぶ！」と指示を出します。おんぶしたまま、その場でリズムをとり、しばらくしたらリズムをとりながら移動するのは同じです。さらに「誰かをお姫様抱っこ！」までいきます

思春期だったり、子供の場合は、ここを飛ばして、

図9

「床にお尻をつけます！」と指示。そのまま、「リズムをとりながら、お尻だけで前進！」「右に移動！」「左に移動！」「後ろに移動！　バック！」なんて指示を出して終わりです。

終わった後、集団も個人も、かなりほぐれるレッスンです。

3 便所爆破

●10人～50人（3n＋1人）　★☆☆☆☆

いろんな言い方のあるシアター・ゲームです。一番穏当《おんとう》なのは、「貝の実チェンジ」です。が、僕は「便所爆破」にしています（笑）。

3人1組で行います。円形になって、「1、2、3」と番号をかけてもらいます。ファシリテーターは「それでは、今の番号の1、2、3で、1と3が向き合って両手をつなぎます。その間に2が入ります。1と3の両手の間に2がいる格好になります」

これが基本単位です。ファシリテーターは「1と3で便器を表します。必然的に真ん中はうんこです」という衝撃的（?）な発言を続けます。

この場合、3n（3の倍数）になっていて、ファシリテーター1人がはみ出ている状態です。

「私がはみ出ていて、私も便器に入りたいので、『うんこ、チェンジ！』と言います。そうしたら、真ん中にいる2の人は1と3の便器から出て、新たな便器を求めて旅に出ます。私も入ろうとしますから、1人、はみ出ます。やってみましょう」と始めます。

1人、はみ出たら、その人とファシリテーターが交代して（ファシリテーターがはみ出てたらそのままですが）、「次は、『便器チェンジ！』」です。これを言うと、1と3は手を離して、新たなうんこを求めて旅に出ます。1と3は、結果的に同じ相手になってもかまいません（または、「同じ相手にならないようにして下さい」。これは、いつも仲のよい2人組が続くような場合のルールです）。

「この時、うんこは、どんなに寂しくても便器が来るまで動いてはいけません。じっと、便器を待っていて下さい」と付け加えて、「便器チェンジ！」と言ってやってみます。

次にファシリテーターは、はみ出た1人と交代して「最後に、『便所、爆破！』と言うのがあります。『便所、爆破！』と言ったら、1と2と3は、便器でもうんこでも関係なく、新たな人と新しい3人組、便器とうんこの関係をつくります。やってみましょう。『便所、爆破！』」

と、3つの場合のデモンストレーションをした後、「それでは確認しますね。1つ目が『うんこチェンジ』、2つ目が『便器チェンジ』、3つ目が『便所、爆破』です。では、やってみましょうか。はみ出た人は、恥ずかしがったり、後悔したり、生きていくのをやめようと決心する前に、大きな声で次の指示を出して下さい。3つのうちのどれかですね。では、ここからガチンコでいきますよ」とファシリテーターは言って始めます。

やってみると分かりますが、「便所爆破」ではなく「便器爆破」なんてことを言う人がたまに出てきます。そういう時は、「便器だけを爆破するのは不可能ですからね。便器を爆破したらうんこも飛び散りますから！」（なんという表現だろう）てなことを言って、場を盛り上げて下さい。

別名の場合は、それぞれに、「貝の実チェンジ」「貝殻《かいがら》チェンジ」「貝爆破」が対応します。他には、

「黄身チェンジ」「白身チェンジ」「卵爆発」というセットや、「リスチェンジ」「木チェンジ」「嵐」というセット、「人間チェンジ」「シェルターチェンジ」「台風」というセットもあります。すべて同じゲームです。

僕はオーストラリアの演出家から、「貝の実チェンジ」の名前でこのゲームを知りました。その後、うんこと便器に変えました。じつによくできたゲームだと思います。

3n＋1人が理想ですが、3n＋2人の場合は、はみ出た2人が、常にジャンケンして、勝った方が指示を出すようにします。

3nで、誰も余ってない場合は、残念ですが、このゲームはできません。

＊思春期の中学生だと、男女が手をつなぐことを嫌がる場合も多いです。演劇ワークショップの一番の強敵《きょうてき》は中学生です（笑）。その場合は、手をつながないで、ただ手をのばすだけにしてもいいと思います。指の先が触れるか触れないかの距離で便器を作るのです。

4 頭と肩とお尻

●10人〜30人　★☆☆☆

理想は3で割れる数字です。21人いるとすると、7人は自分の頭をずっと触っています。次の7人は自分の肩をずっと触っています。最後の7人は自分の尻をずっと触っています。（ですが3で割れな

ければ、不均衡《ふきんこう》でも大丈夫です）

その状態で、バトル開始です。

相手の背中にタッチしたら、勝ちです。頭の人が、お尻の人の背中にタッチしたら、お尻の人はその場で頭の人になります。こうやって、自分達のチームを増やしていきます。

2分〜3分間で最終的にどこを触っている人が一番多いかを競います。

5 じゃんけん列車

●10人〜40人

①シンプルバージョン　★☆☆☆

じゃんけんして、負けると勝った相手の後ろに回って肩に両手を置きます。勝った人は、次の相手を見つけてジャンケンします。負ければ、相手の後ろにつながります。どんどん続けていけば、最終的に1人が勝利して、長い列車ができます。

②敗者復活バージョン　★★☆☆

①を一度やった後、「敗者復活のルールにしますね」とファシリテーターは言います。

最初、2人になるまでは同じです。AがBに勝って、A・Bというチームと、アがイに勝ってア・イというチームが出会ってジャンケンするとします。

もしAが負けると、ア・イ・Aとなり、Bは自由の身になります！　敗者復活です。

ア・イ・Aのアと、C・DのCがじゃんけんして、アが負けた場合は、C・D・アとなり、イ・Aが自由の身になります！　つまり、先頭が負けた時は、後ろにいる人は、全員敗者復活するのです。

時間を例えば3分と区切って、その時に一番多くの人を従《したが》えている人が優勝になります。

6 じゃんけん列車・ムーブメント編

●10人〜40人

①シンプルバージョン　★★☆☆

Aはある動きを繰り返し、声をつけます。シンプルなものでいいです。例えば、両手をバンザイのように突き上げて、そのたびに「うほっうほっ」と言うとします。

Bもまたシンプルな動きと声を決めます。例えば腕をぐるぐると回して「ぶんっぶんっ！」と言うようにします。

AとBはその動きをしながら移動して出会い、ジャンケンをします。Aが勝ったら、BはAの後ろに回って、Aの動きを真似《まね》します。Aは同じ動きをしながら移動して、次の相手を探します。そうやって、最後に勝った人の動きを全員が真似します。

②敗者復活バージョン　★★☆☆

ルールは「じゃんけん列車・敗者復活バージョン」と同じです。敗者復活した人は、また、自分の動きを始めるのです。

これも時間制で決めた時間に一番多くの人を従え、自分の動きを繰り返している人が優勝です。2分～5分ぐらいでしょう。

7 一緒にジャンプ

●2人～16人　★☆☆☆

2人で手をつないで一緒にジャンプします。ただし、声はかけません。お互いを感じてジャンプします。

次は4人です。そして、8人。できたら16人、何人まで、声をかけないで同時にジャンプできるかためしてみて下さい。4人以上は円形が基本ですが、横一列バージョンもためして下さい。難しさはどう違うでしょうか？

8 図形ゲーム

●10人～20人　★★☆☆

音楽

軽快《けいかい》な音楽と共にランダムに歩きます。ファシリテーターが、突然、音楽を下げて「三角形をふたつ！」と指示を出します。

参加者は全員で、三角形をふたつ、作ります。ただし、話してはいけません。無言で作ります。ファシリテーターは、「急いで！　早く！　黙って！」と指示を出して下さい。

他には、「四角形を３つ！」「星をひとつ！」「長方形を３つ！」などです。

無言が難しい場合は、話してもＯＫにします。その場合は★☆☆☆☆です。

❾ムカデ鬼

●10人〜40人★☆☆☆☆

Ａが鬼です。Ｂが列の先頭で残り全員が両手で前の人の肩をつかんで一列につながります。一番最後がＫだとします。Ａの目的は、一番後ろのＫをタッチすることです。

列の先頭のＢは両手を広げて、Ａを防ごうとします。それでも、ＡはＫをめざします。列は、くねくねとムカデのように動いて、Ａから逃げます。

もし列が途中で切れたら（誰かの手が前の人の肩から離れたら）、切れた所から後ろの人達は、ゲームを始める前に決めたポイントまで走って、そこにタッチして戻ってまたつながります（会場の壁とか窓ですね）。

列に戻った人の順番は早いもの勝ちですから、最後尾はＫでなくなる可能性があります。Ａは、列が最後までつながるまで、切れる前に自分がいた場所で待ちます。最後が決まった瞬間から、Ａはまた、今度の最後尾、例えばＦにタッチしようとします。

もし、FがAにタッチされたら、列の先頭だったBが鬼になり、FとAは列の先頭と最後尾以外の好きな所に入ります（多くの人に先頭と最後尾を経験してもらうためです）。そして、また続けます。
くねくねと動き、ポイントまで走ったりしますから、かなりの運動量になります。

10 進化ゲーム

●10人〜50人　★☆☆☆☆

進化の流れをじゃんけんしながら楽しく体験します（ま、そんなすごいもんじゃないですが）。

まず全員は、

① 「単細胞生物《たんさいぼうせいぶつ》」のレベルです。
ただ、床にごろごろとします。偶然出会った相手とじゃんけんをします。勝つと、

② 「アメーバー」のレベルに進化します。床に腹這《はらば》いのままですが、両手を使って、移動できます。
相手を見つけてじゃんけんをして、勝つと、

③ 「両生類《りょうせいるい》」に進化します。両手、両足を使って移動できます。トカゲのイメージですね。相手を見つけてじゃんけんします。勝つと、

④ 「哺乳類《ほにゅうるい》」のレベルに進化します。ちゃんとした四つ足で移動します。イメージは犬とかネコとかトラとかたくさんありますね。勝つと、

⑤ 「猿人《えんじん》」に進化します。猿の歩き方ですね。まだ人間になっていません。相手を見つけてじゃんけ

んします。勝つと、

⑥「人間」になって卒業です。大きな声で「進化《しんか》終了《しゅうりょう》！」と告げて、抜けて下さい。

じゃんけんは、同じ進化レベルの相手としかできません。両生類がじゃんけんできるのは両生類だけです。移動して、相手を探して下さい。勝つと進化しますが、負けると一段階退化します。両生類でじゃんけんして負けると、アメーバーのレベルになります。単細胞生物は、負けてもそのままです。

全員が人間になるのは無理なので、ファシリテーターは時間で区切って下さい。3分か5分か。それぐらいがちょうどいいでしょう。

11 10円玉ファイト

●5人〜100人　★☆☆☆

10円玉

①利き手ファイトバージョン

10円玉を1人1枚用意します。

それを、利《き》き手ではない方の手の甲《こう》に乗せます。甲ならどこの場所でもいいです。

自由に動かせる利き手で、他の人の10円玉を落とすために戦うというゲームです。

ただし、利き手は相手の10円玉が乗っている手の指先から肘《ひじ》までしか触れません。肩とかお腹を触るのはルール違反です。

集団で同時に戦い始めます。

10円玉を落とされたらそれで終わりです。自分で落としてもダメです。10円玉を拾って、ジャマにならない場所で他の人のファイトを見ていて下さい。

やってみると分かりますが、集団戦なので前からだけではなく、後ろからいきなり手の甲をはたかれたりします。全方位に神経を集中する必要があります。最後の2人になって、なかなか決着がつかなければ、2人とも優勝にします。

②反対の手バージョン

何回かやったら、今度は、利き手の方に10円玉を乗せて、反対の手で戦ってみます。その違いを感じてみましょう。

③チーム戦

例えば、全員で40人いるとしたら、10人ずつの4チームに分けます（最小のチーム人数は5人ぐらいでしょう）。そして、各チームの大将を決めます。大将は分かりやすいように、帽子をかぶるとかバンダナを巻くとかします。

チームで戦いますが、大将の10円玉を落とされたら、それでそのチームは負けです。何人残っていても関係ありません。

ここから、作戦をたてる必要が出てきます。誰を大将にして、どんな戦い方をするのか。防衛《ぼうえい》重視でいくのか、攻撃《こうげき》型か、誰が大将を守り、誰がファイトに出て行くのか。作戦タイムを2、3分は取って下さい。

そして、4組が同時にファイト開始です。

10円玉を乗せるのは、利き手でも反対の手でも、好きな方を選んで下さい。

⑫ 10円玉ゲット

●5人〜10人　★☆☆☆☆

人数が少ない場合です。集団ではなく、1対1で戦います。

手の甲ではなく、手の平《ひら》に10円玉を乗せます。10円玉を落とすのではなく、相手の10円玉をゲットするルールです。

戦っている間に、10円玉を落としたら、素早く拾って、また手の平に乗せます。この時、相手が先に拾えば、相手の勝ちです。

ただし、相手は10円玉を落とそうとしてはいけません。また、興奮すると、10円玉を握りそうになりますが、それもダメです。周りがチェックして、狙《ねら》って落とそうとしていたり。握ってしまったら、その時点で負けです。

鬼ごっこ編

鬼ごっこはとても手軽で、とても親しみのあるゲームです。大人にとっては、子供時代を思い出させるものでもあります。簡単に遊ぶことができますが、いろんな遊び方ができ、いろんなことを教えてくれる深いゲームです。

＊5人～50人と書いてあっても100人でも、その気になれば可能でしょう。参加者が20人より多くなると、鬼を複数、2人とか3人にするのがお勧めです。

1 鬼ごっこ

●5人～50人　★☆☆☆☆

ただの鬼ごっこでも、**1．足音をたてない　2．気を抜かない　3．余計な緊張をしない**　ということに気をつければ、感情と体をコントロールできる重要なレッスンになります。この3点に気をつけるだけで、同じ鬼ごっこでも、まったく違ったものになるのです。

ただ、ベーシックな鬼ごっこだけを続けていては、だんだん楽しさが減ってくることから、あなたも知っているように、人間はいろんな鬼ごっこを創《つく》りあげてきました。あなたがいくつであっても、いろなんタイプの鬼ごっこを楽しんでみませんか？

2 色鬼《いろおに》

●5人〜50人　★☆☆☆

エッチな鬼ごっこではないですね。鬼が「赤！」と叫んで、逃げる方は赤色にタッチしている限りは、セーフ。タッチする前に捕《つか》まったら、タッチされた人が鬼になり、鬼だった人は赤色を求めて逃げます。

全員が赤色にタッチして、安全になった場合は、鬼は次の色「緑！」と叫びます。全員は、緑に向かって走ります。同じ場所は2人以上はタッチできないとか、人の服の色もオッケーとか、アレンジはたくさんあります。

＊公園や原っぱなど、「様々な色を発見する」場所に向いた鬼ごっこです。色を見つけることで、いつもの場所と新たに出会います。

3 背中鬼《せなかおに》

●5人〜50人　★☆☆☆

より体のコントロールのレッスンになる鬼ごっこです。

鬼は、逃げる人の背中にしかタッチできません。それ以外は、相手の体に触《ふ》れてはいけません。相手の手をつかんで動きを止めて背中を触る、なんてことができないのです。

4 氷鬼《こおりおに》

●5人〜50人　★☆☆☆☆

さらに、体のコントロールが必要になる鬼ごっこです。鬼にタッチされたら、その瞬間、フリーズして（凍りついて）止まります。氷の銅像《どうぞう》になるわけです。鬼は全員を銅像にするのが目的です。

銅像を解除《かいじょ》する方法は3つ。

ⓐ逃げている人が、銅像になった人の背中を触ると、氷は溶けてまた逃げられるようになります。

ⓑ銅像になった人は、足を大きく開いて立ちます。逃げている人は、その足の間をくぐることができたら、氷は溶けて銅像の人は逃げられるようになります。

ⓑの方がもちろん、難度は高いです。参加者の身体能力に合わせて決めて下さい。さらに、

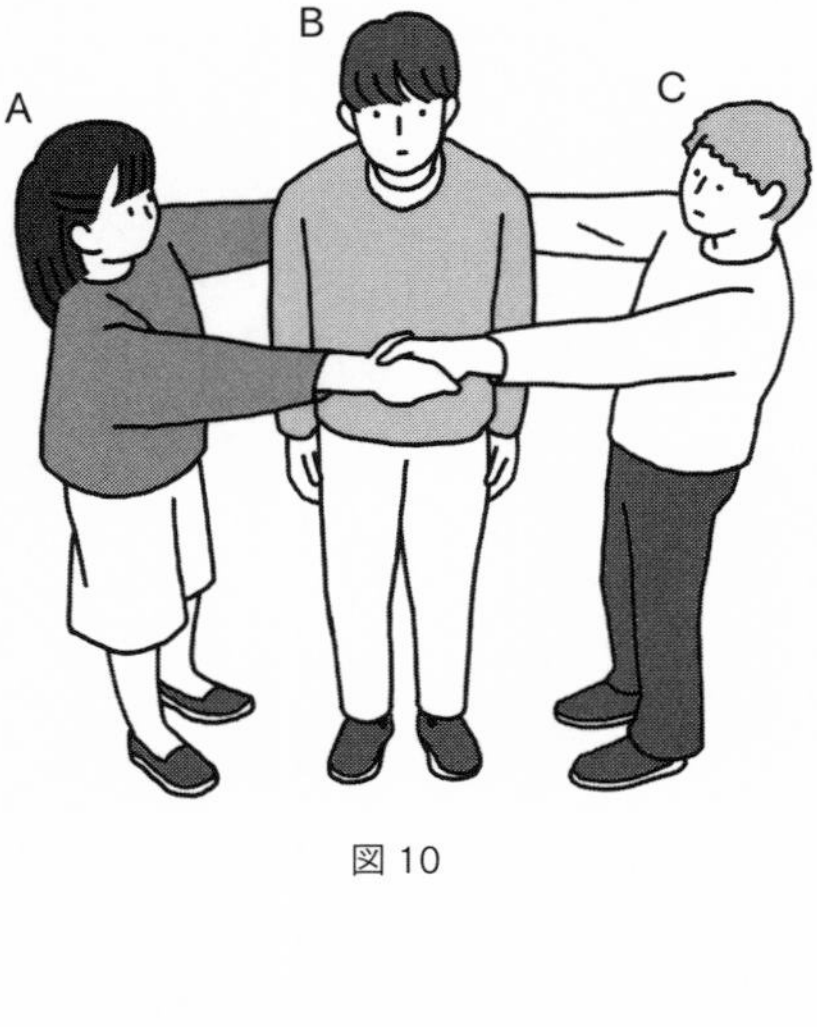

図10

ⓒ氷の銅像になっている人を2人で囲みます。A、B、Cの3人で、Bが銅像になっている場合、図10のようにAとCが両手をつないで、間にBを入れます。そして、「解凍《かいとう》！」と叫びます。または「チン！」です（電子レンジで解凍する音ですね）。そうすると、Bは解凍されてまた逃げられるようになります。

氷鬼の中では、一番複雑なルールです。2人が協力しないと、氷の銅像になった人を救えないわけです。そのぶん、ワイワイと楽しくできます。

5 つながり鬼

●5人～50人　★☆☆☆☆

鬼にタッチされそうになった時、誰かと手をつないでいたり、とにかくつながっていたらセーフです。捕まりそうになったら、誰かを触るとセーフですし、友達を救うために、捕まりそうな友達の手や体をあえて触るという方法もあります。

ただし、鬼はつながった人の前で5つ数えて、それ以上になったらタッチできます。

つながっている人は、5つ数える間に逃げないといけません。鬼は5つ数え終わるまでは、動けません。

6 ケンケン鬼

●5人〜50人　★☆☆☆☆

部屋の片方の壁から片方の壁にケンケン（片足）で移動します。部屋の真ん中に鬼が1人（人数が多い場合は複数）。鬼もまたケンケンです。片方の壁に移動する途中で鬼にタッチされたら、鬼になります。こうして、鬼がどんどん増えていきます。何往復で全員が鬼になるかためしてみましょう。

＊どちらの足の方がケンケンしやすいですか？

バランスのとりやすい足を「軸足《じくあし》」と呼びます。幅跳《はばと》びなどで踏み切る足は「利《き》き足」です。軸足と利き足が同じ人と違う人がいます。あなたはどうですか？

7 手つなぎ鬼

●5人〜50人　★☆☆☆☆

きわめて演劇的に設計された鬼ごっこです。

①基本バージョン

1人の鬼からスタートして、捕まったら鬼と手をつなぎます。2人が鬼になって追いかけます。誰かをタッチしたら、3人で鬼になって手をつなぎます。4人目をタッチしたら、鬼は、2人と2人に分裂《ぶんれつ》します。

あとは繰り返しです。4人になったら、また2人と2人に分裂します。全員が鬼になって、手をつないだら終了です。30人ぐらいだと、数分で終わります。5分はかからないと思います。

＊やってみれば分かりますが、手をつないで走ると、自分はこっちに行きたいのに、つないでいる人は別の方向に行きたい、なんてことが起こります。その瞬間《しゅんかん》、体をコントロールする必要が出てきます。1人で走るより、はるかに体のバランスやコントロール、力の入れ方が求められて、意識的になるのです。

②声出しバージョン

①をやったら、ルールを変えます。「誰が鬼かはっきりさせるために、鬼はとにかく声を出して下さい」とファシリテーターは説明します。「『あー！』とか『うおー！』とか、はっきりしたやつですね」と自分でやってみせます。

最初の鬼は、集団の中でなるべく活発な人を選んで（小学校や中学校では、特に大切ですね）、選ばれた鬼は、声を出しながら追いかけ始めます。

誰かが捕まったら、手をつないで、2人とも声を出して追いかけます。鬼の声を真似《まね》する必要はありません。後のルールは同じです。3人でも声を出し、4人になったら分裂して、2人と2人のチームも手をつないだまま声を出します。やがて、大騒ぎの稽古場・スタジオ・教室・会議室・体育館になるでしょう。

＊声を出すのは、「体を動かしながら、楽に声を出す」ということを体得《たいとく》するためです。声を出すことに緊張している人は、多くの場合、同時に体も強張《こわば》っています。でも、鬼ごっこで、必死に手をつないで追いかけている時は、体には余計な緊張はなかなか入りません。声を出すのに適している状態です。その体のまま、声を出すことを学ぶのです。

③歌バージョン

ファシリテーターは「『あー！』とかだと野獣《やじゅう》みたいで野蛮《やばん》なので、私達は文明人《ぶんめいじん》ですから、歌にしましょう」なんて言います。

まず、鬼がなんでもいいので好きな歌を歌いながら、追いかけます。捕まった人は、手をつないだまま、鬼が歌っていた歌を一緒に歌います。知らない歌だと、ハミングで適当に参加して下さい。（ですから、最初の鬼はあまりマニアックな歌よりも、よく知られている曲を選ぶのがお勧めです）

３人になっても、鬼が選んだ歌を歌います。４人になったら、今までと同じように分裂します。鬼チームの２人は、鬼の歌を続けます。分裂して手をつないでいる３人目と４人目の人は、３人目の人が歌を決めます。もちろん、なんでもいいです。

＊「あー！」とかの声だと、まだ体の緊張が残る人がいます。歌の方が、より声に集中して、体の力を抜きやすくなります。この鬼ごっこは、「走ること」「身体のバランスを取ること」「動きながら声を出すこと」の３つを特に意識するものです。

また、いろんな鬼ごっこをしながら、「声を出す」「歌を歌う」さらに「セリフを言う」というのは可能です。鬼になった人が芝居の練習をしていたら自分のセリフを言うのです。表現することに慣れている参加者だと可能でしょう。

❽ 合体鬼《がったいおに》

●５人～50人　★☆☆☆☆

鬼が１人、逃げる人を１人、決めます。

ⓐ動かないバージョン

他の人は２人で腕組みして、ランダムに立っています。（全体が偶数じゃない時は、３人で腕組みをするチームがひとつできます。それでいいです）

図11のように腕組みをしていない反対側の手は腰に置いて、そのまま肘《ひじ》を張り、他の人が腕を通しやすいように三角形の空間を作っておきます。

図11

鬼は、1人を追いかけます。逃げる人は、逃げる途中で、腕組みしている2人の腕に自分の手を通して腕組みします。

つまり、Aが逃げていて、BとCが腕組みしている時、AがBの右側(Cと左側で腕組みしている場合)の腕に手を通します。3人のチームになるのでCが弾き飛ばされます。そのまま、Cが逃げるようになるゲームです。

腕組みをしているペアの間を縫《ぬ》うように逃げますから、柔軟な身体のコントロールが求められるゲームです。

ⓑ動くバージョン

腕組みをしている人達が、なるべく逃げている人に腕を組まれないように動き回るバージョンです。こっちの方がさらに、体のコントロールと体力を使います。

ⓒ足横合体バージョン

腕を組むことに抵抗がある中学生など思春期にのたうっている場合は、お互いの片足をくっつけておく、というやり方です。

Aの右足の靴の側面と、Bの左足の靴の側面をくっつけておくのです。2人とも、肩幅より少し広めに足を開いて立ちます。Cは、どちらかの相手がいる方の片足の靴と合体します。弾《はじ》き飛ばされた方が逃げるのです。靴をくっつける時には、Cは「合体！」と叫びます。

ⓓ肩バージョン

よりコミカルな方法だと、Aの後ろにBが立ち、Aの両肩にBの両手を置きます。CはBの後ろに回り込んでBの両肩に両手を置いた瞬間に、Aが弾き飛ばされます。この時に、Cが「合体！」または「ガッチャン！」と声を出してBの肩に手を置くやり方と、黙って置くやり方があります。声を出すと楽しさが倍加します。黙ってやると、注意力が必要になります。AはCが来たことに気付かず、鬼であるDにタッチされたりします。

また、この場合もaとbのように動かないバージョンと、動くバージョンがあります。どちらが、その集団に相応しいかは、やってみて判断して下さい。あまり体力を使いたくない人が多い場合は、動かないバージョン、エネルギーに溢れている場合は動くバージョンがお勧めです。

9 尻尾鬼《しっぽおに》

●5人〜50人　★☆☆☆☆

タオルやバンダナ

タオルやバンダナなどを背中の下の部分に挟んで、だらりと尻尾のように垂《た》らした状態で始めます（ジャージやズボンの中にタオルの端《はし》を押し込めば、尻尾のようになると思います）。

ヨーイスタートで、特定の鬼を決めず、全員が、誰かの尻尾を引き抜きます。

引き抜かれたら、そこでその人は退場です。ゲームが終わるまで、邪魔《じゃま》にならない場所で見ます。

人数が少ない場合は、引き抜いたタオルを持ちながら、ゲームを続けます。人数が多くて、引き抜いたタオルやバンダナを持てない場合は、引き抜くたびに、どこかに置いて集めておきます。

時間制にするか、最後の一人になったら終了です。
最終的に、一番尻尾を集めた人が勝ちです。

＊自分の身体360度を意識するレッスンになります。正面の人のタオルを引き抜こうと集中しているうちに、自分のタオルを後ろから引き抜かれたりします。全方向への体の意識を鍛《きた》えるレッスンです。

10 トカゲ鬼

●5人〜50人　★☆☆☆

鬼は床にペタッと四つんばいになります。休んでいるトカゲです。逃げる人は、まず鬼の体のどこかを指先でタッチしておきます。

スタートの合図で、逃げる人はトカゲ鬼から素早くタッチしている手を引っ込めます。が、トカゲ鬼も急に活動的になり、タッチしていた人のどこかを触ろうとします。触られた人は、人間からトカゲに変身します。すぐに四つんばいになって、トカゲのように素早く移動しながら、人間達を追い詰めます。そのまま、人間を触ったら、触られた人はトカゲになります。どんどんトカゲが増えていきます。

30人ぐらいだと、トカゲが3匹ぐらいから始めるのがいいでしょう。

＊あまり広い空間だと、トカゲの移動が大変でうまくいかないでしょう。適度《てきど》な空間（一般的な小学校・中学校の教室ぐらい）だと、だんだんとトカゲが増えて、人間が教室の片隅《かたすみ》に追い込まれる、なんて風景が出現します。なかなか、見たことのない光景なのでワクワクします。広すぎる場合は、ファシリテーターが空間を区切って「ここからここまでやります」と指示して下さい。

11 ネコとイヌ
●5人～50人　★☆☆☆☆

イヌがワンワンと言いながら、ネコを追いかけます。10人ぐらいなら1人、20人から30人、40人になれば、3～4人、いえ、3～4匹の犬でしょう。逃げる方はニャアニャア言いながら逃げます。タッチされると、ワンワンに変わって、ネコを追いかけます。全員がイヌなったらおしまいです。大人がやると、なんだかバカバカしくて楽しいです。小学校低学年だと大喜びです。高学年から中学生は、「ふんっ」と鼻で笑ってやらないでしょう（笑）。他のゲーム性の高い鬼ごっこにして下さい。

12 手きり鬼
●10人～30人　★☆☆☆☆

円になって手をつなぎます。Aが1人、円の外側にいて、どこでもいいので、つないでいる人の手を切ります。切られた人、例えば、Dの右手とEの左手をつないでいる部分を切られたとしたら、Dは右回りに、Eは左回りに、円の外側を走ります。つまり、右手を切られたら右方向に、左手を切られたら左方向に円を一周するのです。

Aは手を切った所にはいります。

DかE、早くたどり着いた方がAと手をつないで円に戻ります。遅れた方が次の鬼になって、また、別な所を切ります。その繰り返しです。

⓭ 名前鬼

●10～30人　★☆☆☆☆

きわめて演劇的な鬼ごっこで、体と感情だけではなく、頭も激しく使うものです。

ⓐ基本バージョン

ベースは普通の鬼ごっこです。

ただし、鬼に追いかけられてタッチされそうになったら、誰か別の人の名前を言います。その瞬間、名前を呼ばれた人が鬼になります。直前まで追いかけていた鬼は、もう鬼ではなくなるのです。

名前を呼ばれて鬼になった人は、すぐに誰かをタッチしようとします。この繰り返しで、通常なら、この途中でまた他の人の名前を呼ばれて、鬼ではなくなります。名前を言う前に鬼にタッチされた人は、名前鬼から抜けるか、そのまま続けるか、2つのバージョンがあります。僕のお勧めは、そのまま続けるカウントバージョンです。

ⓑカウントバージョン

僕はこの「名前鬼」が大好きなのですが、タッチされて抜けるのでは参加者の運動量が少なすぎるし、すぐにつかまる人ほど運動しなくなるし、タッチされて何もないのも面白くないので、タッチされたらマイナス1ポイント、タッチしたらプラス1ポイントと集計することにしています。最終的に、プラスマイナスを合計して、鬼ごっこの後に発表するのです。

名前鬼に参加している人がカウントするのは難しいので、誰か記録係が必要になります。芝居の稽古の時は、僕と俳優達が「名前鬼」をして、演出助手に成績表をつけてもらいます。そういう人がいない場合は、記録係を順番でやるとか、体調がいまひとつという人に頼むという方法でしょう。

僕は20分ほどやって、「成績発表」をします。僕は演出家ですから、俳優の間に入ると、だいたい下位ですが、日々の稽古で順位の上下に一喜一憂《いっきいちゅう》して楽しいです。

ⓒ便所バージョン

何回かやって、だんだんとみんな慣れてきたら、「便所」というのを作ります（「便所」という表現がきついと感じる人は、「控室《ひかえしつ》」にして下さい）。

便所（控室）は、参加人数によって定員を決めます。20人ぐらいだと3人、30人だと4人ぐらいがいいと思います。便所では、集団の特徴によって、またはファシリテーターによって何をするか決めて下さい。何もせずにただ便所にいるだけでもいいし、歌を歌うのも楽しいです。僕の場合は、「腕立て10回」か「腹筋10回」か「ヒンズースクワット10回」を選ぶことにしています（俳優の体力作りも兼ねているのです）。

「便所」を作る意味は、「名前鬼」を何回かやると、自分が言いやすい人の名前だけ言う傾向が現れるからです。ですから、便所にいる人の名前を呼んだ人は失格にします。そのまま、自分が便所に入ることになります（この場合は、鬼だった人にプラス1ポイント、便所に入る人がマイナス1ポイントです）。言いやすい名前を言っていたら「便所」にいたというケースがあると、「毎回、機械的に名前を言ってはいけないんだ。そのたびに考えよう」という流れになります。

僕は、「便所」で「腕立て10回」を始めても、次に捕まった人が来て定員がいっぱいになったら、10回終わってなくても出て行くルールにしています。混乱を避けるために、常に定員の数を守ることを優先しているのです。

やってみれば分かりますが、鬼に追いかけられるとパニックになります。そして、名前がうまく出てきません。追いかけている鬼の名前を言ったり、自分の名前を言ったりします。自分の名前を言うのは失格ですし、追いかけている鬼の名前を言ってしまったら、そのまま鬼にタッチされるでしょう。また、自分のすぐ後ろにいる人の名前を言ってしまって、その人にすぐ背中をタッチされたりします。

つまり、鬼ごっこという運動の中に、「思考する」という要素が入るのです。余裕が出てくると、いつも成績がトップの人をやっつけるために、追いかけられている時、トップの人のすぐ傍《そば》にいる人の名前を言ったりします。そうすると、トップの人は、タッチされてマイナス1になります。

また、全員の名前がよく分からない場合に、名前を覚えるためのゲームにもなります。

ⓓ今日の愛称バージョン

名前に「呼びやすい・呼びにくい」がある場合（よく呼ばれる人は、何回も鬼になるので、成績が上位にくる可能性が高いのです）は、名前ではなく「今日の愛称」を決めるという方法もあります。

全員で「果物の名前」「お菓子の名前」「外国人の名前」なんてのを決めるのです。参加者が10人前後までなら、覚えられるんじゃないでしょうか。「いちご！」とか「メロン！」なんて叫ぶのも楽しいものです。

14 腕組み鬼

●11人〜32人（3n＋2）

8合体鬼の3人組バージョンです。

複数の3人組とはみ出た2人でやります。つまり、「3n＋2」です。最小は11人。最適は23人前後ぐらいでしょう。

基本は鬼ごっこですが、少し複雑になります。

①基本バージョン　★☆☆☆

3人1組のチームで、間隔をあけて円形に並びます。

3人1組、例えばA、B、Cの順に立った状態で、Bはまず両手を肘《ひじ》を張ったまま腰にあてます。「合体鬼」

図 12

のように手と体の側面で三角形ができるようにします。

Bの両側にいるAとCは、図12のように、それぞれのその三角形の中に手をいれます。AがBの右側にいれば、左手をBの三角形の手の間にいれて、Bの左側にいるCは、右手をBの三角形の中にいれます。AもCも、反対側の手は、「合体鬼」と同じで三角形を作って腰に手をあてます。

その状態の3人組が円形に広がるのです。

アが逃げる人、イが追いかける鬼だとします。アは逃げて、例えば、Aの空いている右手に手をいれます。すると、3人チームは、ア・A・B・Cとなって、Cが弾《はじ》き飛ばされます。すぐにCは逃げます。鬼のイは、Cを追いかけます。

Cはどのチームとでも合体できますが、ひとつだけ、すぐ隣の人とは腕を組めません。例えば、すぐ隣の3人チームがD・E・Fだとしたら、Cの左側のDとだけは合体できません。すぐ隣にはいけないということです。反対側のFとは合体できます。

その場合、D・E・F・Cとなって、Dが弾き飛ばされます。Dがそれに気づくのが遅くて、イがDをタッチしたら、鬼ごっこが基本ですから、Dが鬼になり、イは逃げます。例えば、H・I・JというチームのJの横に腕をいれて合体したら、Hが弾き飛ばされます。

3人チームの両端は、常に手を腰に当てて、ゆるい三角形を作っておかないと、逃げている人が手をいれられません。ファシリテーターも一緒に参加した方が楽しいですが、時々、真ん中の人と腕組みしない方の手をだらりと下ろしてしまう人がいるので指示して下さい。

また、いつも同じ側に合体され続けると、円の間隔がいびつになってきます。そういう時も、ファシリテーターはそれぞれのチームの間隔が均等になるように促して下さい。

②逆バージョン　★★☆☆☆

しばらく遊んだら、今度は、「ルールが逆になります」とファシリテーターは伝えます。アが鬼で、イが逃げて、A・B・Cの3人チームのAと合体して、イ・A・B・Cとなり、Cが弾き飛ばされたら、その瞬間にCが鬼になります。今までと逆です。追いかけていた鬼のアは、急に逃げる側になるのです。

そのままアが逃げて、H・I・Jの3人チームでHと腕組みをして、Jが弾き飛ばされたら、その瞬間、Jが鬼になってCが逃げる側になります。

このルール変更の目的は、鬼として追いかけていたのに、突然、合体して弾き飛ばされた人が鬼になるので、急ブレーキをかけて逆の方向に逃げるようになるという、身体のコントロールを学ぶためのものです。

＊文章で読んでも少し複雑ですが、やってみても、混乱する人は出てきます。でもまあ、みんなでルールを確認しながら遊ぶのは楽しいものです。

15 スローモーション鬼
●10人〜30人　★★★☆☆

きわめて演劇的な体験です。

まずは、基本バージョンの鬼ごっこを1、2分間やります。ファシリテーターは、「では、ここからはスローモーションで鬼ごっこを続けます」と宣言します。

戸惑う人もいるでしょうが、ファシリテーターが、ゆっくり歩く・逃げる・追いかけるなどの見本を見せれば理解できるでしょう。

しばらくスローモーション鬼ごっこを続けます。ほとんどの場合、誰もが安全地帯に逃げて、誰も捕まりません。

ファシリテーターは「この鬼ごっこはやってて面白いですか?」と問いかけます。たぶん、多くの人は首を横に振ります。「今やったスローモーションの鬼ごっこと、子供の頃にやっていた鬼ごっこは、何が違うでしょう? スローモーション以外で何が違う?」ファシリテーターは問いかけてみて下さい。

次の文章を読む前に、まずやってみて、自分で発見できるのが一番素敵なのですが、ここでやめるわけにはいかないので、書きますね。

＊子供の頃の鬼ごっこは、「捕まるか捕まらないかのギリギリのスリルを楽しんでいた」んじゃない

かと思います。でも、大人になってスローモーションで鬼ごっこをやると、みんな、安全地帯に逃げて、ただ自分を守っているだけです。これでは、面白いはずがないのです。

このことをみんな気づくと、積極的に鬼に対して「遊び」をしかけるようになります。スローモーションですから、捕まりそうで捕まらないとか、鬼の手をすり抜けるとか、誰かの背中を押して鬼に近づける、なんていうワクワクした動きが遊べるようになります。

スローモーション鬼でしかない遊びを楽しんで下さい。

Ⅳ　さまざまなことを意識するレッスン

体と動きを意識するレッスン

自分の体と動きを意識できるようになるレッスンです。自分の体と動きに対して無自覚ではなく、無理なく意識して、表現のために有効に体と動きを使えることを目指します。

1 鏡レッスン

●1人 複 ★☆☆☆☆

現実の体とイメージの体のズレを修正するレッスンです。

全身が写る鏡の前に立ちます。そんな鏡がない場合は、夜の街のショーウインドウの反射とかを使って下さい。

①目を閉じて、そのまま、両手を床と平行に横に伸ばします。（子供の頃、飛行機のマネをした姿勢です）目をつぶったイメージの中で、肩、肘《ひじ》、手首、指を一直線に、床と平行に伸ばします。手の平《ひら》は

下向きです。

　イメージを確認したら、目を開けます。

　鏡を見ながら、実際の体とイメージの体のズレを修正します。両手は床と平行だと思っていたのに、微妙に斜《なな》めになっていたり、手首が少し曲がっていた場合は、イメージした通りに、リアルな体の方を修正して下さい。
②次に目を閉じて両手を斜め45度上に上げます。万歳《ばんざい》をして、そのまま、45度、斜めに開いた状態です。手の平は下にします。
　これもイメージの中では、肘、手首、指先が斜めに真っ直ぐのびています。目を開けて、実際の体とズレていたら、実際の体の方を修正します。
③次に目を閉じて下に斜め45度です。肘、手首、指先がまっすぐのびているイメージです。手の平は下に向けましょう。
　これも目を開けてズレていたらリアルな体を修正します。
④次に、目をつぶって、右手を斜め45度上、左手を斜め45度下にします。1本の線になっているイメージです。できたと思ったら、目を開けて修正して下さい。次に逆もやります。右手下、左手上のバージョンです。
⑤最後に、もう一度、両手を床と平行に伸ばして、そのまま肘を90度上に曲げます。両手の平が耳の方を向くようにします。目をつぶったイメージの中では、肩から肘までは真っ直ぐにのびて、肘は90度に曲がり、指先は真っ直ぐ上を向いているはずです。

さて、目を開けて、イメージとズレていたら修正しましょう。

⑥目を閉じて、あるポーズを取ります。気取ったポーズでも、ひょうきんなポーズでも、セクシーなポーズでも、なんでもいいです。ただし、顔は正面、鏡の方を向いていて下さい。脳内でイメージを確認したら、目を開けます。あなたのイメージ通りのポーズになっていますか？違っていたら、現実の体の方を修正して下さい。

＊「運動神経がいい」と言われる人は、「現実《リアル》の体」と「イメージの体」のズレが少ない人です。イメージした通りに、現実の体を動かすことができるのです。スポーツで言えば、イメージした場所にバットやラケットを出せるとか、手や足がイメージ通りに動くということです。

また、このズレが大きくなってくると、「タンスの角に足の小指をよくぶつける」「なんでもない所で転ぶ」なんてことが起こります。高齢になってもっとズレが大きくなると、「湯飲みを取ろうとして手をぶつけて思わず倒してしまう」なんてことも起こります。ですからこれは、身体感覚を整えるレッスンです。

❷ 鏡レッスン

●2人 ㊜

①基本バージョン　★☆☆☆☆

ペアで向き合って、Aが動き、Bが鏡のように真似《まね》をします。

ただし、リーダーであるAはあまり早く動かないこと。早すぎると、真似する動きが雑になり、意味がなくなります。スローモーションっぽく動くのがいいでしょう。

手だけではなく、屈《かが》んだり、体を曲げたりして、いろんな動きをして下さい。しばらくやったら交代です。

＊「体を意識する方法」のひとつは、「ああ、こんな動きがあるんだ。こんな形があるんだ」と気づくことです。相手の動きを真似しながら、「普段《ふだん》、自分がしたことのない動き」を味わいましょう。そして「今度、この動きで喜んでみようか」「こんなポーズで気取ってみようか」と考えると楽しいです。

②リーダー交代　★★☆☆☆

Aがリーダーとなって動き、Bが真似しますが、途中でファシリテーターは「リーダー交代！」という声をかけます（参加者が2人だけで、他に誰もいない時は、どちらかが声を出します）。その声と共に、スムーズにBがリーダーになって動き、Aが真似をします。交代する瞬間に、動きがギクシャクしないことが大切です。

またしばらくしたら「リーダー交代！」とファシリテーターは言います。だんだんと間隔《かんかく》を短くして、何度も「リーダー交代！」を言い続けます。そのたびにスムーズに交代します。最後に「どっちがリーダーか分からないのに、動きがなぜか合っている！」とファシリテーターは叫びます。AとBは、どちらがリーダーか分からないまま、同じ動きをするのです。

③穴を掘る　★★★☆☆

②に続いて「そのまま、穴を掘る！」とファシリテーターは続けます。AとBは、どちらもリーダーではないのに、慎重に動きを合わせながら、穴を掘り始めます。

いろんな穴の掘り方があります。自然に同じ掘り方をするペアもあれば、手で掘ろうとする人とスコップで掘ろうとする人に分かれて、ギクシャクしながらどちらかに合わそうとするペアもいるでしょう。

相手とうまく動きを合わせて下さい。

＊これは、相手の動きを観察し、真似するレッスンであり、同時に集中して動きをコントロールするレッスンです。

3 4人で鏡レッスン

●4人 複　★★★☆☆

図13のようにA、B、C、Dで四角形の形で向き合います。

Aがリーダーで動きます。正面にCがいてその動きを真似します。Aの右隣、BはCに対して「今朝、何を食べた?」「ポルトガルの首都は?」「93－7は?」と質問をします。生活の中の記憶力のテストだったり、知識だったり、ちょっとした計算とかです。

Cは、質問に答えながら、同時にAの真似をします。質問に答えるために動きを止めてはいけません。Dは、AとCの動きを見て、Cの動きで違っている所を、リアルタイムで指摘していきます。演出家の役割です。「手の指の形が違うよ」「爪先の方向が違うよ」「腰はもっと低いよ」等々です。

ファシリテーターが時間を計って、例えば1分間で交代していくのがいいでしょう。自分の立っている場所のひとつ隣に、AはBに、BはCに、CはDに、DはAに動けば、簡単に役割を変えることができます。

図13

＊「相手の動きを真似する」と「質問に答える」という行為を同時におこなう練習です。やってみれば分かりますが、どちらかに集中すると、どちらかがおろそかになります。ひとつに集中できれ

ばいいのですが、現実生活でも、同時に二つのことに注意を向けないといけないことがあります。ですから、動きと思考に集中するというマルチタスクに慣れる練習です。

4 倒れかけレッスン

●2人～5人 ㊋ ★☆☆☆☆

①2人バージョン

図14のように、Aの後ろにBが立ちます。Aは、そのまま、後ろに倒れかけます。Bがそれを両手で受け止めます。

図15のように、Bは両足を前後に開いて、両手でしっかりとAを受け止めて下さい。怖がっている人には、背中と手の間隔をそんなに空ける必要はありません。

やってみると分かりますが、これはとても怖いレッスンです。後ろがまったく見えないのに、後ろに倒れかけるのです。演劇界では、「信頼のレッスン」のように言われていますが、僕は「体の緊張を自覚するレッスン」だと考えています。人は、ストレスを乗り越える時、無意識に身体のどこかを緊張させて乗り越えようとします。このレッスンは、「後ろを見ないまま倒

図15

図14

れる」というストレスある行動を取る時に、自分の体のどこが緊張しているか、自覚するためのレッスンです。肩を緊張させている人、手を緊張させている人、アゴ、背中などなど、人によってさまざまです。あなたはどこでしょうか？

②3人前向きバージョン

A、B、Cの3人でやります。

図16のようにBが真ん中に立って、正面にA、後ろがCです。真ん中のBは、前でも後ろでもどちらでもいいので倒れかけます。そのまま、例えば前に倒れたら、Aは優しく受け止め、そのまま押し返して、Bは後ろに倒れ、Cが受け止め、また押し返します。Bは、ゆっくりとしたメトロノームの感じです。

もしできれば、目を開けた場合と目を閉じた場合の違いを感じて下さい。

③3人横向きバージョン

図17のようにBはAに対して正面に立つのではなく、体を横にして立ちます。そして、右か左、どちらかに倒れるのです。正面を向いて前後に倒れるバージョンとどう違うか、体験してみて下さい。可能なら、目を開けた場合と閉じた場合の違いも。

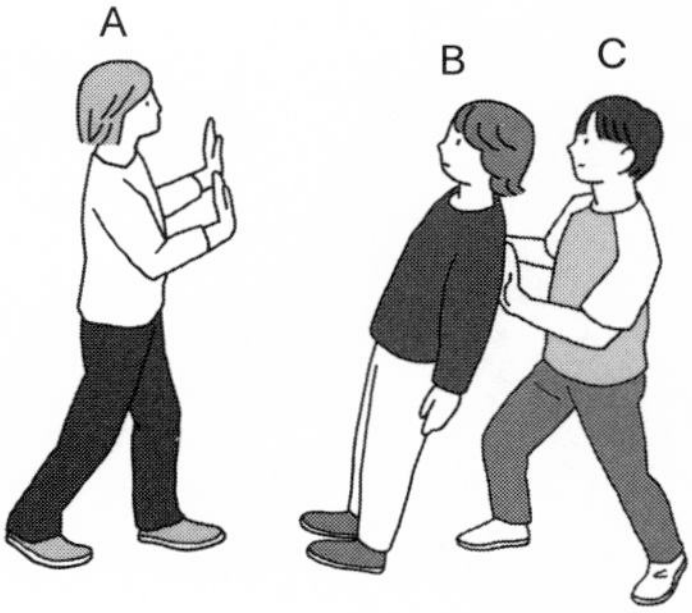

図16

図17

④5人バージョン

Aが真ん中に立ち、その四方をB、C、D、Eが囲みます。

Aは、どちらの方向に倒れてもかまいません。周りの4人は、優しく、慎重にAを押し返したり、左右に回したりして下さい。

最初、Aは目を開けてやった後、可能なら目を閉じてみて下さい。目を閉じると、4人のうち、「優しい手」と「乱暴な手」の違いを感じやすくなります。それは別な言い方をすれば「人間を触り慣れている手」と「人間を触り慣れてない手」です。（目を閉じた場合、あらためて周りの4人は場所を移動します）最後に、目を閉じたまま、どの手が一番優しく感じたか、どの手が一番ギクシャク感じたか、言ってみて下さい。「人間を優しく触れる手」になることができれば素敵だと僕は思っています。（詳しくは『表現力のレッスン』を参照）

5 飛び込みレッスン

●1人～40人 複 ★★☆☆☆

二列に並びます。最適な人数は一列が6～8人ぐらいです。図18のように向かい合い、少し離れて手を交互に前に出します。相手の肘が自分の指先ぐらいの間隔がいいでしょう。（図19）

さあ、Aは、その列に向かって助走してジャンプします。列の人達は、少しかがんで、Aを受け止めます。うまく飛べた人は、体全部を受け止められているでしょう。助走の途中で怖くなって速度を

図 18

図 19

落とした人は、体の半分ぐらいしか列の上に乗ってなかったりします。うまくやろうというより、どんな感覚になるか味わって下さい。

飛び込んだら、そのまま列の人達やさしくAを頭の方から持ち上げて、立たせてあげて下さい。

6 エネルギーに溢《あふ》れて静止する体

●1人 複 ★☆☆☆

ただ立っている時、休んでいるのではなく、エネルギーに溢れながら静止する方法です。

まず、他に参加者がいたら、普通に立っている姿をお互いに見ます。1人なら、鏡を見ます。

では、その場で小走りに足踏みします。続けて、前傾になって小走り、続いて仰向《あおむ》けで小走り、が
に股《また》で小走り、ここまですべて10秒間ずつです。ふたたびその場で小走りに戻ります。ファシリテーターは「だんだん、動きを少なくしていきます。でも、エネルギーは同じです。だんだん動きは少なく、ゆっくりとした足踏みになります。でも、エネルギーは同じ。独楽《こま》と同じです。止まっているがエネルギーに満ちています。……立ちます」

他に参加者がいたら立ち姿を見て下さい。さっきと違って、静止していながら、エネルギーを感じる姿になっているでしょう。

7 シンコペーション

●1人 複

ⓐ右手で三角形を、左手で四角形を同時に描きます。（その逆も）。

★★★☆☆（図20）

ⓑ右手はグーで膝《ひざ》を叩く。左手はパーで膝をなでる。次に右手はパーで膝をなでる。左手はグーで膝を叩く。これを交互にスイッチします。★★☆☆☆（図21）

図20

ⓒ手は二拍子で「パン、パン」と頭上で大きく振って叩きます。足は三拍子でジャンプします。「開いて、閉じて、閉じて」のジャンプです。同時にやります（図22、23）。逆もやります。手は三拍子「頭上でパン、体側でタン、体側でタン」、足は二拍子「開いて、閉じて」のジャンプです。★★★★☆

＊シンコペーションは、うまくできるようになるまでが一番、体を自覚する期間です。体がきしみ、うまくいかず、混乱します。それを乗り越えると、楽にできるようになります。そうなったら、次のシンコペーションに進む時期です。

8 彫刻レッスン

●2人 ㊫

①自由バージョン ★☆☆☆☆

AとBで、Aが彫刻家になります。Bが素材です。

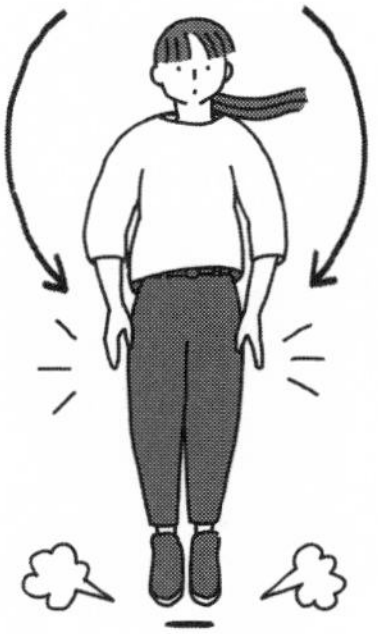

図23

図22

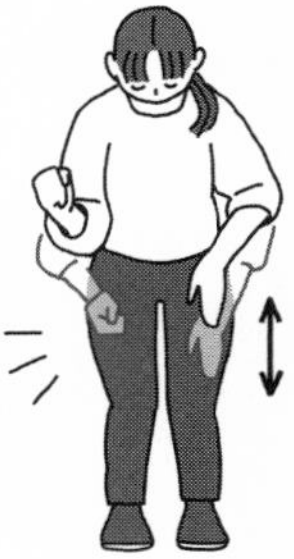

図21

AはBの体を使って彫刻を作ります。製作時間は2分〜3分ぐらいがいいでしょう。「手を上げて」と口で指示を出すのではなく、相手の手を取って、形を作ります。相手は柔《やわ》らかい素材なので動かして彫刻を作るのです。顔に関しては、「怒った顔」と言ってもいいですし、怒った顔を見せて、真似してもらうのもいいです。

たまに公園とか駅前で、人々に忘れ去られ、ハトのフンで汚れた彫刻を見ますが、そんな彫刻ではなく、忘れがたい素敵な彫刻を作って下さい。

Bは、彫刻の素材として、拒否権は基本的にありません。「こんなポーズしたくない」と文句は言わないように。ただし、腕立てしたまま片手・片足を上げるなんていう難易度《なんいど》の高すぎるポーズや性的に露骨《ろこつ》なポーズなんかは、お互いにとって不幸になりますから、やめておきましょう。

Aは作ったら、彫刻にタイトルをつけます。そのタイトルは、Bに伝える必要はありません。心の中で決めて下さい。

完成したら、彫刻家は（別の2人チームがいれば）他の作品を見て回ります。彫刻になっているBは、この間、人間に戻らないように。目がまず人間になって、キョロキョロしてしまいますが、ずっと銅像になっていて下さい。

ここからは、あなたの好みです。ひとつひとつ、彫刻のタイトルを聞いて回る、という方法がまずあります。

が、僕がいつもやっているのは、各人が見て回って「自分が一番いいと思う彫刻の横に立つ」というものです（30人ぐらいの参加者だと適正な規模の展覧会になります）。「自らの芸術的良心に従って、悔《くや》しいけれど、この彫刻は自分が作ったものより素敵だと思えば、その横に立って下さい。もちろん、自分の作ったものが最高だと思った場合は、自分の彫刻の横に立って下さい」

そうすると、3人か4人のギャラリーが集まる彫刻が、たいていは現れます。

まず、誰もギャラリーがいない（つまり、横に誰も立っていない）彫刻に関しては、「周りを見て、誰も横にいない彫刻は、作者をちょっとだけ恨《うら》みながら、解除します」と続けます。活字で読むと少しきついですが、言葉で言うと必ず小さな笑いが起こります。（参加者が10人以下だとタイトルを聞いてから解除します）

次に、1人のギャラリーがいる彫刻について、順番に作者にタイトルを聞いていきます。次に2人のギャラリーがいる彫刻。もし、3人のギャラリーがいる彫刻がひとつだけなら、それが優勝です。タイトルを聞いた後、作者と彫刻に拍手をして終わります。

＊一度、中学生を相手にこのレッスンをやったら、全員が自分の作った彫刻の横に立ちました。友達を裏切ってはいけないと思ったのでしょう。ですから、小学生や中学生には、「自分の彫刻以外で、一番いいと思った作品の横に立ちましょう」とファシリテーターは言ってもいいでしょう。

それでは役割を交代して、またやってみましょう（偶数のペアが理想ですが、奇数の場合は、1人の素材と2人の彫刻家と、2人の素材と1人の彫刻家として下さい）。

＊相手の体を素材として彫刻を作るということは、相手の体を意識するということです。素材と彫刻家、両方を体験することで、相手の体と自分の体の「共通点」と「相違点」を意識するようになれば素敵です。それは自分自身の体を意識することに通じるのです。

②喜びと怒りバージョン　★★☆☆☆

次のステップとして、タイトルを「喜び」として、彫刻を作るようにファシリテーターは言います。完成した作品を見て歩くと、両手を斜め45度に上げた彫刻をよく見ます。「わーい」と両手を上げた形で、「喜びの形」はこれしかないと決めている人が多いようです。

次に「怒り」というタイトルで作ってもらいます。見て回ると分かりますが、これもまた、似たような形が多くなります。

＊「体を意識する」ということは、「その時のイメージや感情をちゃんと表現した体になる」ということでもあります。
気持ちはいろいろ変わっているのに、いつも同じポーズ、同じ動きしかしないのは、体にとってとてももったいないことだと思います。

9 彫刻レッスン　サークルバージョン

●10人～40人　★☆☆☆☆

二重の円になります。内側の円と外側の円でペアになります。外側の円の人が彫刻家で、内側の円の人が素材です。やることは、❽の彫刻レッスンと同じです。（奇数の場合は、3人チームで内側の2人の素材に対して、外側の1人が彫刻家になります）

作り終わったら、外側の円の人は、ぐるりと右回りに一周して、他の作品を見ます。そして、自分の作品のひとつ左隣で止まります。自分の作品を通り越すわけです。

そして、目の前の作品に対して、一ヵ所だけ動かして、ポーズを変えます。こうした方がより魅力的になる、と考えて変えて下さい。そして、また右回りに回りながら作品を見ます。違いを楽しんで下さい。そして、最後、自分の作品も。よくなっていると感じるか、悪くなっていると感じるか。終わったら、外側の円と内側の円を交代して下さい。

❿ 目隠し体レッスン

●2人〜4人 ㊝

ⓐ2人バージョン　★☆☆☆

Aが目を閉じている間に、Bがなるべく複雑なポーズをします。ポーズができたら、目を閉じているAに「できました」と言います。Aは、目を閉じたまま、図24のようにBの体を触って、そのまま再現します。自分で再現できたと思ったら、「じゃあ、目を開けます」とBに言ってから、開けます。

AとBとで協力して、再現したAのポーズのどこが違うかを、お互いにポーズをしたまま指摘《してき》します。「なんとなくあっている」ではなく、指の形、爪先の向き、体の曲げ具合など細かく確認して下さい。指摘し終わったら、交代です。

触っている時、触られている時、話してしまいそうになりますが、黙ってやります。

ⓑ4人バージョン　★★★☆☆

AとBの2人で複雑なポーズを作ります。2人の体がなるべく離れない方がいいでしょう。CとDが、目を閉じたままで触ります。イメージできたら、CとDの2人で再現します。この時、話し合ってはいけません。「じゃあ、やりましょうか」の一言だけで、どちらがAをするかBをするかも話し合ってはいけません。

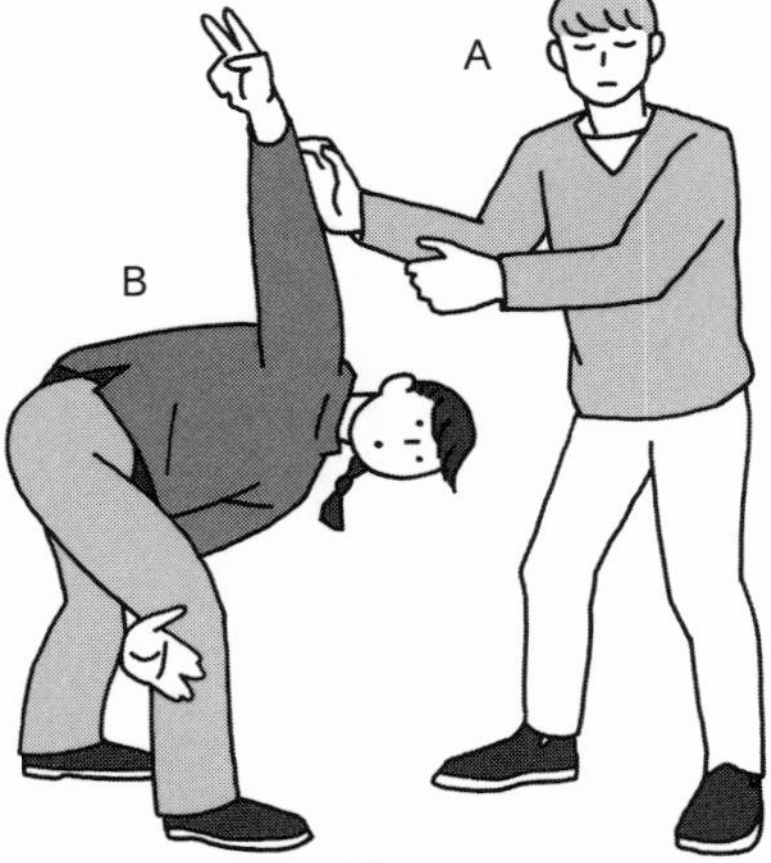

図 24

＊2人バージョンでも4人バージョンでも、触っているうちに相手の体が暗闇の中からゆっくりと立ち上がってくるような体験ができたら、とても素敵です。それは、直接、相手の身体と出会ったということです。（詳しくは、『表現力のレッスン』を参照）

11 リーダーは誰？

●10人〜40人

ⓐ円バージョン ★☆☆☆

全員で円になります。真ん中に1人、「調査官」が立ちます。

調査官に目をつぶってもらっている間に、リーダーになりたい人をファシリテーターは募集します。黙って手を上げてもらって、リーダーが決まったら、調査官が目を閉じている間に、リーダーはその場所で動き始め、全員がその動きを真似します。

動き出したら、ファシリテーターが調査官に「目を開けて下さい」と告げます（ファシリテーターも参加していることが望ましいので、動きながら声をかけます）。目を開けた調査官は、円に並ぶ人々の動きを見ながら、誰がリーダーか当てるというゲームです。

円にいる他の人は、リーダーを直接凝視《ぎょうし》すると、すぐに調査官にバレてしまいます。他の人の動きを手がかりに、リーダーの動きを真似て下さい。リーダーになった人は、調査官の目を盗んで、なるべく、大きく動いて下さい。参加者が「あ、この動き面白い」とか「こんな動きがあるんだ」と楽しみながら経験できると素敵です。

調査官は、2回、「あなたですか？」と指摘《してき》できます。つまり、1回は間違えてもOKです。リーダーは、当てられたら「そうです」と認め、リーダーじゃない人は「違います」と答えます。調査官が2回指摘してもリーダーが分からない時は、リーダーが「私です」と名乗り出ます。ゲームを続ける場合は、そのままリーダーが、円の中心に入って調査官になるとスムーズでしょう。ファシリテーターは次のリーダーの希望者を聞き、複数、手を上げた場合は指さして決めます。

この繰り返しです。

ⓑ歩きバージョン　★★☆☆☆

円バージョンを経験したら、次に、参加者はランダムにあちこち歩きながら、リーダーの動きの真似をします。調査官は、どこにいてもいいです。みんなの真ん中にいてもいいし、部屋の端にいてもいいです。

調査官が目を閉じている間に、リーダーは歩きながらいろんな動きをします。他の人が真似したら、ファシリテーターが調査官に「目を開けて下さい」と告げます。2回、リーダーだと思う人を指摘できるのも同じです。

⓬ 歩き方コピー
●5人～15人 👁　★☆☆☆☆

Aがいつもの自分の歩き方で歩きます。Bがその後ろをついて歩いて、Aの歩き方の真似をします。見ている人達は、もっと似させるためのアドバイスをして下さい。「腕の振りをもっと小さく」「顔はもっと前」「歩幅《ほはば》は少し大きく」など、Aの歩き方に近づくヒントです。

しばらくAの後ろを真似しながら歩いて、似てきたなと思ったら、見ている人かファシリテーターが、「オッケーです」と声をかけます。Aは歩くのをやめて、歩いているBを見ます。そこには、A自身の歩き方そのもののBがいます。

＊Aは普段の歩き方をすることが重要です。日常、自分の歩き方は意識していません。このレッスンがうまくいくと「私はふだん、こんな歩き方をしているの!?」と驚く結果になります。

13 クイック・ポーズレッスン

●5人〜30人　★★☆☆☆

さまざまな呼び名があるレッスンです。「二拍子《びょうし》三拍子」「博物館」などと呼ばれています。

ファシリテーター以外は、全員、両手が当たらない間隔で自由に広がり、しゃがみます。（お尻を床につけないで、すぐに立ち上がれる状態、ということです）

ファシリテーターが、「はい！」と声をかけると（同時に手を叩くと分かりやすいです）、床にしゃがんでいる人達は、素早《すばや》く立ち上がってポーズを取ります（前後何列かに分かれて、ファシリテーターから全員の顔が見える位置関係が望ましいです）。ポンッ！　と立ち上がって、ピタッとポーズを決めるイメージです。

ポーズを決めたら、ファシリテーターは「ガタンッ」とか「ダウン」とか言って、ポーズの解除を告げます。参加者は素早く、床にしゃがみます。解除の声はなんでもいいのですが、「はい」だと立ち上がる声と同じで混同しがちなのです（この時、素早くしゃがむより、一気に脱力してしゃがむと、体のメリハリがはっきりして効果的です。ポーズをする時に適切な力を入れやすくなります）。

①喜怒哀楽《きどあいらく》　基本バージョン

ファシリテーターは、いくつかのテーマを出すといいでしょう。

例えば、「喜び！」と叫んで、「はい！」と続け、手を叩きます。参加者は、「あー！」でも「おー！」でも「わー！」でも何でもいいので喜びの声も出してポーズします。その方がポーズに感情が入りやすいからです。

20回ほど繰り返せば、自分の「喜びのポーズ」が数パターンしかなくて、同じ形の繰り返しだと気付くはずです。自分で気付かない場合は、ファシリテーターが指摘します。

自分の「体の癖《クセ》」を自覚する方法です。

「喜び」以外、「怒り」「悲しみ」「楽しさ」の「喜怒哀楽」もやってみましょう。

②喜怒哀楽　手がかりバージョン

自分の「体の癖」が分かったら、次にファシリテーターは手がかりを与えます。

「大きな喜び」「身体の重心の低い喜び」「身体のどこかに曲線のある喜び」「身体のどこかに直線のある喜び」「右手が床についている喜び」「片足が床から浮いている喜び」「お尻が床についている喜び」「右足と左手が床についている喜び」などです。

参加者は、それを手がかりにして、今までしたことがない形で「喜び」を表現します。（可能なら、同時に声も出します。今までやったことがないポーズで声を出すというのは、少し難しいことですが、試行《しこう》錯誤《さくご》していくうちに出せるようになるでしょう）

③向かい合いバージョン

さらに、いろんな身体のバリエーションを獲得するために、二列になってペアになる形で向き合います。例えば「喜び」から、前列がまずやって、後列がすぐその形を真似します。前列は、いろんな「喜び」を10ポーズぐらいやります。後列は、そのたびに真似をします。

ファシリテーターの声のかけ方は、まず最初に「喜び」と言った後、「はい！」で前列がポーズをし、次にすぐに「はい！」で後列が立ち上がりそのポーズを真似て（後列は最初に屈みながら、前列のポーズを観察しておきます）、次に「ガタンッ（ダウン）」と言って、前列後列共にポーズを解除してしゃがみます。この繰り返しです。

一定の回数が終わったら、後列は「真似して一番気に入った喜びのポーズ」をやります。

前列、後列入れ換えて、「喜怒哀楽」や他の感情もやってみましょう。「虚しさ」「嫉妬《しっと》」「驚き」などです。

④さまざまなテーマ

二列に向かい合ったバージョンで、テーマをさまざまなものに変えるのも面白いです。

「陽気なアメリカ人」「ウーロン茶」「みかん」「ディズニーランド」「パリ」「肉まん」なんてテーマです。例えば「肉まん」なら、肉まんみたいな形を表すもよし、肉まんのイメージを全身で表現するもよし、です。前列が「肉まん」のポーズをして、後列がすぐに真似します。声のかけ方は「肉まん、はい！（前列がポーズ）はい！（後列が真似してポーズ）、ガタンッ（ダウン）」です。

一定数やったら、最後に、「自分でやって面白かったポーズ」「真似して面白かったポーズ」を確認します。その後に、前列、後列、交代してやりましょう。

＊お互いのポーズを真似するのには、もちろん、理由があります。

人間が進歩するためには、三つの方法がある、という社会学的な考え方があります。一つ目は「試行錯誤」。とにかくいろいろとやってみること。二つ目は「権威者教示《けんいしゃきょうじ》」。先生とか先を行く人に教えてもらうこと。本を読んで知ることもこの中に入るでしょう。三つ目が「模倣《もほう》」。つまりは真似《まね》をすることです。

ですから、僕はよく「真似をしましょう」と言います。自分の中にないなら、他人の真似をして、その表現をもらいましょう、ということです。

上手い俳優は、みんな「観察上手」です。街を歩いていて、面白い歩き方、変わったしゃべり方、楽しそうな身振りの人を見ると、すぐにじっと観察して、自分の引き出しに入れようとするのです。でも、実際の生活では、あんまりジロジロ見ると「失礼だ」と怒られるかもしれません。ですから、レッスンの時に相手のポーズをよく観察するのです。そして、自分の表現に取り入れるのです。

自意識にとらわれている人は、いつも自分のことを悩んでいるので、なかなか、他人を観察できません。自分しか見てないので、いろんな表現の手がかりや情報がまったく入って来ないと言えます。僕は、とてももったいないなあと思うのです。

14 サークル・ポーズ

●5人〜30人　★☆☆☆☆

円形になります。1人がなんでもいいので、あるポーズをして、声も出します。意味があってもなくても、どちらでもいいです。

1人がやったら、続けて、全員が同時に真似をします。次に隣の人がやります。同じことの繰り返しです。30人いたら、30個のポーズと声を、全員が真似します。

一周したら、自分以外のポーズで、好きなポーズをやります。また、全員が同時に真似をします。この繰り返しです。（最初に、「一周したら好きなポーズをやります」とは言いません。自意識が強すぎて他人に関心がない人は、他人のポーズを全く見ていません。そのことに気付いてもらうのも重要なことです。）

15 ハンド・パワー

●2人 ㊋　★★☆☆☆

Aが手の平をBの顔の前に出します。

手の平と顔は、常に20センチ〜30センチ離れているようにします。

Aは手の平でBを導きます。Bは、常にAの手の平に顔の動きを合わせます。Aはあまり早く動かさないように。136ページの「鏡レッスン」と速度は同じくらいです。ファシリテーターが時間を計って、お互いに1分間ほどやってみて下さい。

次にファシリテーターは「AがBを導いているというより、2人で踊っている感じに見えるようにしてみませんか」と提案してみて下さい。

どんな動きと感覚になるでしょうか？

16 立ち上がりレッスン

●2人 複

①背中合わせ　★☆☆☆

体育の時間にやったことがある人もいるでしょう。

2人で背中合わせに床に座ります。

そのまま、手を使わないで、背中を合わせたまま立ち上がります。お互いがお互いの身体を支え合わないとうまくいきません。自分だけ立ち上がろうとすると失敗します。

演劇的には、声を出さないで背中で感じて始めることが重要です。

②向かい合って　★★☆☆

座ったまま、足を伸ばして相手の足の裏と自分の足の裏を合わせます。そのまま、相手と両手をつなぎます。

その状態で、立ち上がります。

なるべく、膝を大きく曲げないでできたら素敵です。強引な力ではなく、相手とのバランスです。

このレッスンは、相手を感じないとうまくいきません。合図の声を出さないのも同じです。

③ペン1本バージョン　★★★☆☆

図25のように、お互いが座ったまま、自分の人さし指と相手の人さし指で、一本のペンや割り箸《ばし》を支えます。目をつぶってしばらくその感覚を楽しんだら、そのまま、お互いに目をつぶって立ち上がります。立ち上がる時は合図の声を出さず、指先で感じて下さい。

途中でペンが落ちたら、また座ってやり直しです。目を閉じたまま、指先で相手の体を感じられたら素敵です。

目をつぶったまま、ペンを落とさずにうまく立ち上がれたら、ペンを指先で支えたまま、図26のように、1人ずつぐるりと一回転します。途中で落ちたら、また、座って最初からです。そんなことできるわけないと思いました？　まあ、やってみましょう。

④ペン2本バージョン　★★★★☆

片手で成功したら、今度は両手の人さし指で相手と2本のペンを

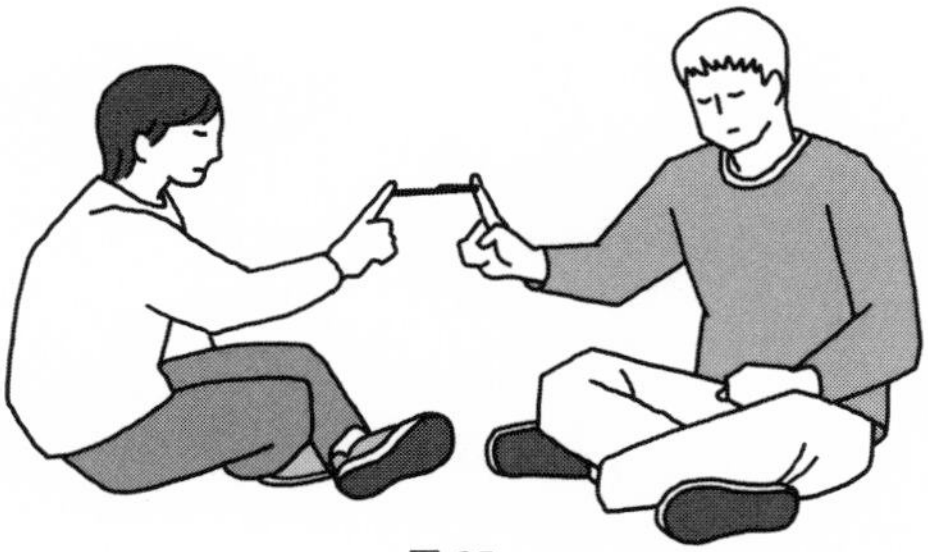

図25

支えます。床に座って、目を閉じて、そのまま、合図の声を出さないで立ち上がります。うまく立ち上がれたら、今度は、目を閉じて、指先でペンを支えたまま2人で同時にぐるりと後ろ向きの形になります。かなり難しいですが、やってみましょう。

17 サークル・アクション

●8人〜20人　★☆☆☆☆

円になります。1人がある動きと声を繰り返しながら、円の他の誰かに向かって進みます。（109ページの「じゃんけん列車・ムーブメント編」のような動きです）同じ動作を繰り返しながら、円形に並んでいる誰かの前まで進みます。

例えば動いている人がAだとして、AはDの前まで行って、そこで動きと声を続けます。Dは、自分の前に来たAの動きと声を真似します。しばらく真似したら、Dは自分で考えた動きと声を始めます。そのままDは円の誰かに向かって動きを繰り返しながら進み始めます。AはDのいた場所に代わりに立って動きをやめます。Dは、Cの前に立ったとしたら、Cは真似して、やがてCが自分の動き

図26

と声を始めます。この繰り返しです。

18 はじまりとおわり

●1人 複

小物

①基本バージョン ★★☆☆

まず単純な動きを決めます。「ペンを取って、メモ帳にメモをする」とか「ペットボトルを取って、フタを開けて、飲む」「靴下を脱いで、たたむ」なんて動作です。（どの場合も、具体的に小物を用意して下さい。ペンとメモ帳、ペットボトル、靴下などです）

例えば、「メモ帳とペン」バージョンを選んだとします。左手にメモ帳を持ちます。（左利きの人は逆に）目の前の床にはペンを置きます。

まず、そのペンに右手を伸ばす時に、動きと共に「はじまり」と言い、手を伸ばしてペンを触った瞬間に「おわり」と言います。次にペンを握る瞬間に「はじまり」、握り終わる瞬間に「おわり」と言います。次に手を曲げる瞬間に「はじまり」と言い、そのまま、ペンをメモ帳まで近づけた瞬間に「おわり」と言います。次に「はじまり」の声と共に、メモ帳に文字を書き始めます。「1」という数字だと、書き終わった瞬間に「おわり」と言います。

分かるでしょうか？　動きをとにかく細かく分解して、すべて「はじまり」と「おわり」を明確にするのです。

これは、「ただなんとなく動いている」「漫然《まんぜん》と表現している」「動きをまったく気にしてない」という状態に対して、「自分はどう動いているのか」をはっきりと意識させるレッスンです。当然、難しいです。思わず、二つの動作を続けたりしてしまいます。ペアになってお互いの「はじまり」「おわり」を見て、アドバイスするのもいいでしょう。

ペットボトルに手を伸ばす瞬間「はじまり」と言った後、伸ばしてつかんで「おわり」と言ったりします。それは、伸ばす動作とつかむ動作がふたつあります。伸ばすまでで「おわり」です。キャップも、1回回すのが「はじまり」と「おわり」です。無意識に2回とか3回、回さないように。そのたびに、「はじまり」「おわり」を言う必要があるのです。

②複雑な動作　★★★☆☆

慣れてきたら、少し複雑な動きもやってみます。「服を脱ぐ」「食事をする」「バッグからサイフを取り出して、カードを取り出す」なんて動きです。

③感情を入れる　★★★★☆

さらに慣れてきたら、感情を入れながらやります。例えば、喜びの感情を持ちながら、「はじまり」「おわり」と明確にしながら、洋服を脱ぐのです。かなり難しいですが、やってみる意味は大きいです。

五感を意識するレッスン

視覚《しかく》、聴覚《ちょうかく》、触覚《しょっかく》、嗅覚《きゅうかく》、味覚《みかく》の五感が中心ですが、それ以外に「身体感覚《しんたいかんかく》」という第六感も意識し、育むためのレッスンです。それらの感覚に自覚的になることで、表現とコミュニケーションが豊かに膨らむ可能性があります。

1 まばたき視覚レッスン

●2人（偶数）㊋ ★☆☆☆

視覚を意識するレッスンです。

2人でおこないます。Aは目をつぶり、BはAの左側に立ちます。図27のようにBは、右手でAの左手の肘を軽く支え、左手でAの左の手首を軽く握ります。その状態で、目をつぶったAを導いてしばらく歩きます。

やがて、BはAに見せたい風景の前で止まります（なんでもいいです。いつもの椅子でもペットボトルでも窓でも）。「ちょっと顔を上げて」とか「もう少し

図27

頭を下げて」と目を閉じているAにBは言って顔の角度を調整します。そして、Bは左手の肘を支えている右手を瞬間的に軽く握ります。Aはその合図を感じたら、さっと目を開けます。すぐにBはまた右手を軽く握ります。この2回目の合図を感じたら、Aはすぐに目を閉じます。カメラのシャッターを開けて閉じた感覚です。時間にして、0・5秒前後、素早く開けて閉じます。

それが終わったら、Bは、また目を閉じたAを導いて別なものを見せてあげて下さい。4〜5回、いろんなものを見せたら終了です。

＊暗闇から突然合図を受けて目を開け、飛び込んできた風景は、見慣れた風景なのにまったく違って感じることでしょう。
屋内でも屋外でもいいです。僕はこのレッスンを、イギリスの演劇学校で受けました。最初に目を開けて飛び込んできた風景は、教室の片隅《かたすみ》においてある譜面《ふめん》台でした。その様子は強烈な風景として、20年以上たった今でもはっきりと覚えています。（『表現力のレッスン』参照）

2 目隠しウォークレッスン

●2人（偶数）㊋複 ★☆☆☆

視覚以外のあらゆる感覚を意識できるレッスンです。大きな公園や学校、広場、浜辺など安全で広い空間が適しています。

2人1組でやります。Aはバンダナとかタオルなどで目隠しします。Bが付き添《そ》います。目隠ししたAをBが3回ぐらい回したところからスタートです（こうすると、Aは方向感覚が分からなくなるからです）。

最初の15分は、Aが目隠しをしたまま、行きたい所にいきます。Bは、Aが危険な目に合わないようにガイドします（もちろん、怖くて歩けない場合は、落ち着くまでじっとしているのもAの自由です。Bはただ、黙って見ています）。たとえば、Aが歩いて壁にぶつかりそうになったら、「ストップ」と声をかけ、「右か左に行けます」と行ける方向を示します（もちろん、後ろに戻ることもできます）。「前に壁があります」とは言わないで下さい。前に何があるか分かると、自分が今どこにいるか気づいてしまう人もいるからです。ただし、階段の場合だけは、「ストップ。前に階段があります」と伝えて下さい。階段だけは、分からないで進むのは危険だからです。「右に（左に）手すりがあります」と伝えてもかまいません。

15分たったら、今度はBがAをガイドして、いろんな所に連れて行きます。屋内や屋外、ふだん行かない場所などへ連れて行って下さい。もちろん、目隠ししていますから、そんなに早く移動はできません。「前に進んで下さい」「そこで90度右に曲がって」などという指示でしょう。

後半の15分の間に、広い空間があればAは、一度だけ、全力疾走《しっそう》してみます。もちろん、目を隠しての全力疾走は無理です。やろうと努力するだけでいいです。Bは「ここなら走れます」と告げ、Aがとりあえず試みたら、「ストップ」と適当な所で切り上げて下さい。

15分たったら（計30分たったら）、目隠しを取って、その時点からスタート地点まで逆に歩いて戻ります。つまり、Aが「自分はどこを歩いたか」を確認するのです。

目隠しで計30分というのは、小・中・高の2コマ分の授業か大学の90分の授業に収まることを想定して出した数字なので（お互いがやりますから）、15分でも20分でもかまいません。ただ10分とか短くなればなるほど、体験の衝撃は薄れます。

後半の途中で、BはAにいろんなものを触らせるというオプションもあります。公園なら、木や葉っぱを触らせるとか、学校なら壁とかガラスなどです。見ないまま、直接触ることで、新鮮な驚きがあると思います。

視覚をシャットダウンすることで、他の感覚、聴覚や触覚、嗅覚、足の裏の感覚などが鋭くなることに驚くでしょう。

＊これは、五感以外にもうひとつ、「身体感覚」を意識するレッスンでもあります。「身体感覚」とは、僕が「五感」の次にある「第六感《だいろっかん》」だと思っている「身体全体で感じる感覚」のことです（本来の意味の「第六感」、虫の知らせとか「シックス・センス」と言われる直感的《ちょっかんてき》な感覚は、僕は「第七感」だと思っているのです）。

例えば、目隠しをしていて、大きな木の下に入った瞬間に「あ、上になにかある」と感じることがあります。屋内から屋外に出た瞬間、身体全体がふわっと広がって、目隠ししていても身体で屋外を感じることもあります。運転の上手い人は、大きな道から小さな道に入ると、ふっと運転している身体が小さくなります。そして、また大きな道に出ると、身体が自然に大きくなります。

肩幅が広がり、手の幅が広がり、背中が広がるのです。身体で空間を感じているんだと思います。運転が下手な人は、どんな道に入っても身体の大きさは変わりません。

身体全体で感じる能力、身体全体で対処する能力、それが「身体感覚」です。

3 コントロールタワー

●2人〜20人（偶数）◉ ★★☆☆☆

教室やスタジオでやる、目隠しウォークの別バージョンです。2人1組が順番にやります。スタート地点とゴール地点を決めます。その間に、障害物となるいろんなものを置きます。バケツとかホウキとかペンケースとか他の人の靴とか、場合によっては、見ている人が床に障害物として座るのもよいです。

Bは単音の声だけで、目隠しをしたAを導きます。単音とは、「あー、あああ、あ！」のように、ひとつの音（例えば「あ」）だけで相手に「進め」「止まれ」と指示するのです。BはAの前に障害物があって、右に避けて欲しい場合は、Aの右側に回って声を出します。Aは、とにかく、声の方向に進みながら障害物を避けて進むのです。

ゲーム性を高めるために、チーム同士でタイムを競いあってもいいし、2分以内というタイムトライアルでもいいし、障害物に3回触れたら失格、なんてのもいいでしょう。

＊Aは障害物を感じる身体感覚と聴覚に意識的になりますが、同時にBも自分の声について意識的にならざるをえないレッスンです。

4 感覚の再体験レッスン

●1人 複 ★★☆☆☆

ⓐリラックス

レッスンの前に、まず、体をリラックスして仰向けに横たわります。このレッスンを成功させるためには、リラックスすることが必要だからです。体が緊張しているようだと、体の一部分ずつ順番に「緊張・脱力」を繰り返していきます。ファシリテーターが導くのがいいでしょう。

まずは、両手の指をぐっと緊張させて、すぐに抜きます。次は「指と手首」までを緊張させて、抜きます。次は「指から手首、肘《ひじ》」まで。次は「指から肩」まで。次は「指から肩、そして首」まで。次は「指から顔」まで。分かりますね。つまり「指、手首、肘、肩、首、顔」全部を緊張させて、すぐに力を抜くんですね。次は「指から胸」まで。次は「指からお腹」まで。厳密に、胸とお腹が分けられなくても、イメージで充分です。次は、「指から背中」。これで、上半身はすべて、力んで力を抜いたわけです。

次は「指からお尻」まで。次は「指から太もも」まで。次は「指からふくらはぎ」まで。最後が「指から足先」まで。これで、全身すべてに力を入れて、すぐに抜いたことになります。何回か、全身にぐっと力を入れて、さっと抜きます。なんだか、体全体がふわっと楽になったような感じがすれば成功です。

まだ緊張している感じの場合は、リラックスする音楽を小さくかけて下さい。イージーリスリング系とかヒーリング系の曲がいいでしょう。

ⓑ一番暑かった日

リラックスしたら、ファシリテーターが話します。

「それでは、『今までで一番暑かった日』を思い出してみましょう。急がなくていいので、目を閉じて、ゆっくりと思い出して下さい。なんとなくあの日かなと思ったら、暑さそのものではなく、その日のいろんなことを具体的に思い出して下さい。

そこは室内でしたか？　屋外でしたか？

室内なら、壁の色は何色でしたか？　壁紙はどんな模様《もよう》？　窓はどこにありました？　光は射し込んでいました？　屋外なら、太陽は出ていましたか？　あなたのどちら側に出ていましたか？　周りはどんな風景でしたか？　あなたの目の前は？　右側は？　左側は？　足元はアスファルトでしたか？　コンクリート？　土？

あなたはその時、どんな服を着ていましたか？　誰か一緒にいましたか？　いたとしたら、その人はどんな服装をしていましたか？　その人の肩越しにどんな風景が見えていましたか？　風は吹いていましたか？　吹いていたとしたら、あなたの体のどこで感じましたか？　どちらから、どちらの方向へ吹いていましたか？　どんな匂いがしましたか？

では、その一番暑かった日、あなたの体はどういう状態でしたか？　具体的に一部分ずつ思い出して下さい。脇《わき》の下は？　背中は？　手の平、顔。それぞれの部分はどんな感覚でしたか？　例えば、ベトベトした感覚。背中を汗がしたたる感覚。服が体にまとわりつく感覚。汗が目に入って痛かった感覚。その中で、特に暑さを感じたのはどこの部分ですか？

では、その感覚を和らげるために、あなたは何をしましたか？　脇の下に風を入れるために、腕を上げた？　背中のシャツをたくし上げてパタパタした？　襟《えり》を広げて、空気を入れようとした？　体の部分の感覚と、それを和らげるために何をしたかを具体的に思い出して下さい」

ファシリテーターは、ゆっくりと時間をかけます。5分前後の感覚でしょうか。

うまくいけば、あなたはその感覚をかなりリアルにもう一度、体験できたはずです。

ファシリテーターは、何人かに「思い出しましたか？」と聞いてみて下さい。他の人の再体験の話は、なかなか面白いものです。また、他の人の話を聞くことで、自分の記憶が鮮明に蘇ることもあります。（以下、ⓒ、ⓓ、ⓔ、ⓕ、ⓖ、ⓗも同じ手順で参加者に聞いて下さい）

ⓒ一番寒かった日

それでは、気分を変えて、「今までで一番寒かった日」を思い出してみましょう。

ファシリテーターの言い方は、「暑かった日」と同じです。まず、時間と場所を具体的に思い出します。自分の着ていた服や周りの風景、一緒にいた人がいたらその人の髪形、服装、靴など。

そして、自分の体のそれぞれの部分の状態を具体的に思い出します。耳、頬《ほお》、手、足元、背中などなど。それぞれの部分の感覚を思い出して下さい。指すような痛み、ひりひりした感覚、ずーんと冷える重さ、感覚がなくなってきた恐怖、などです。その中で、一番寒さを感じたのは、どこの部分ですか？　それはどんな感覚ですか？

そして、これが重要なのですが、あなたはその感覚を和らげるために、何をしましたか？　手をこすり合わせた？　足踏みをした？　息を吹きかけた？　激しく動いた？

さあ、その寒さをもう一度、体全体で感じてみて下さい。

ⓓ一番美味しかった物

今度は、「今まで食べた中で一番美味しかった物」を思い出してみましょう。

あなたの舌が、その時の味覚を具体的に思い出すのが目標です。手順は「暑い日」と同じです。もう分かりましたね。とにかく具体的に思い出すのです。食べた瞬間、あなたの舌はどんな状態になりました？　どんな感覚でした？　それを表現するために、あなたはどんな行動を取りました？　声をあげました？　すぐにもう一口食べました？　隣の人と話しました？

ⓔ一番まずかった物

では、「今まで食べた中で、一番まずかった物」を思い出しましょう。

ⓕ一番気持ちのよかった物

「今まで触った中で、一番気持ちのよかった物」を思い出しましょう。

ⓖ一番気持ちの悪かった物

「今まで触った中で、一番気持ちの悪かった物」を思い出しましょう。

ⓗその他の感覚

時間があれば、例えば「今まで聞いた中で、一番気持ちよかった音」「今まで聞いた中で、一番気持ち悪かった音」「今まで見た中で、一番きれいだった風景」「今まで見た中で、一番汚かった風景」「今まで嗅いだ中で、一番いい匂い」「今まで嗅いだ中で、一番不快な匂い」などがあります。

＊リラックスしてから始めるのは、もう一度、感覚をちゃんと再体験するためです。体がほぐれると、気持ちもほぐれ、感情もほぐれます。体が強張っていると、ただ情報として思い出して、客観的な記憶となるだけです。リラックスした体には、その感覚が、体全体の感覚としてリアルに蘇《よみがえ》るのです。

といって、うまくいかなくても焦《あせ》る必要はありません。その記憶は、間違いなくあなたの体の奥深くに沈殿《ちんでん》しています。うまくいかないのは、慣れてないだけです。何度もやっていれば、きっと体験することができます。

「一番暑い日」がうまく再体験できない人が、「一番美味しい物」の時は簡単に美味しさを舌に再体験できる、なんてことも起こります。どの感覚に、どれぐらい鋭敏《えいびん》かということは、人によって分かれてきます。それもまた、自然なことです。

ですから、レベルはすべて★2にしていますが、人によって違うと思って下さい。

「具体的に思い出して」と繰り返すのは、何が感覚の記憶を引き出す引き金になるか、予想がつかないからです。あなたにも経験があるかもしれませんが、なかなか思い出せなかった記憶が、その時に流れていた曲とか、服装とか、音とかによって一気に蘇ることがあります。記憶を引き出す小道具はいろいろなので、毎回、丁寧《ていねい》な手順で具体的にファシリテーターは指示をするのです。「全身で再体験している」というのは、例えば「一番美味しかったもの」を思い出している時、その人は微笑んでいます。体もよりリラックスしている感じがします。ただ、情報として思い出している人には、そういう変化は起こりません。頭だけで体に広がってないのです。

5 感情の再体験

●1人 複 ★★☆☆☆

音 音楽

手順が同じなので、感情の再体験のレッスンを続けて紹介します。

まず「感覚の再体験ⓐ」をやって、体をリラックスします。(軽いウォーミングアップのゲームをして、感情と体をほぐしてから「感覚の再体験ⓐ」をやるのは、より効果的です)

●7年以上前の感情

リラックスして寝っころがります。リラックスできる音楽もあった方がいいでしょう。

ファシリテーターが言います。「目を閉じて下さい。さあ、今から7年以上前にあなたが体験した『とても楽しかったこと』か『とても恥ずかしかったこと』を思い出して下さい。7年前というのは、あなたが今20歳なら、生まれてから13歳までの記憶です。40歳なら33歳までに起こった楽しいことか、恥ずかしいことです」

ファシリテーターは、「感覚の再体験」の時と同じ手順で参加者を導きます。状況を具体的に思い出すようにガイドするのです。

あなたが見た風景。音。匂い。風。誰といたか。服装。その時に具体的に「何をしたか？」を次に思い出します。楽しさを味わうために何をしたか。恥ずかしさをごまかすために何をしたか。または何をしなかったか。具体的に思い出します。

もし、参加者が15人前後なら、バラバラではなく、全員が中心に向かって円形に寝転がるのがいいでしょう。つまり、全員の頭が円の中心に、触れ合うぐらい密接して円形に並ぶのです。そして、順番に思い出したことを語っていきます。頭が近いので、より他の人の声がはっきりと聞こえます。そして、感情もダイレクトに伝わるのです。

全身で感情を再体験している人は、目を閉じたままですが、恥ずかしさに赤くなったり、嬉しくて顔が上気したりします。それが聞いている人の感情を揺さぶります。もちろん、情報として頭だけで思い出して、全身で経験できなかった人もいます。それでも悩む必要はありません。そういう人も、他の人のダイレクトな感情を味わいましょう。

このレッスンは、「緊張・脱力」のリラックスする所から始めて、急かずゆっくりと体験して下さい。焦《あせ》るとうまくいきません。

＊7年以上前にしているのは、とても生々しい感情の場合は、振り回される危険性があるからです。「一カ月前に、飼っていた犬が死んだ」なんていう感情です。

このレッスンはスタニスラフスキー・システムというものに準拠《じゅんきょ》しているのですが、あまりにも感情が強烈だと、うまくコントロールできなくなる可能性が高くなります。

例えば「喜びながらセリフを言う」なんてシーンがあって、とにかく喜ばないといけない時、過去の感情を使う時もあります。この時、「昨日の嬉しいこと」を使ってしまうと、感情が強烈すぎて、セリフをうまく言えない可能性が高い、ということです。でも、7年以上前のものだと、感情とうまくつきあえて、コントロールできる可能性が高くなります。

演劇だと、順番に稽古して、感情の流れを作っていきますが、映像だと、「このカットは涙を流します」なんていう、その瞬間だけを求められることも珍しくないです。そういう時、充分にリハーサルして、イメージができていれば、「恋人との別れ」を思って泣けるでしょう。でも、リハーサルの時間もなく、まだ相手役の俳優とちゃんと話してないような時に、とにかく涙を流さないといけない、という切羽詰《せっぱつ》まった状況に放り込まれます。

オーディションで、短いセリフを書いた紙を渡されて「このセリフ言いながら、泣いて下さい」なんていう無茶ぶりがあるかもしれません。そういう時は、「感情の再体験」を使う必要が出てきます。

うまく使えるようになれば、例えば「恋人との待ちあわせに遅れて怒られている時、7年以上前の哀しいことを思い出して泣いて許してもらう」なんていうトンデモないことに使えます（笑）。

ただし、ネガティブな感情をレッスンで再体験することは、やめた方がいいと僕は思っています。「一番哀しかったこと」や「一番腹が立ったこと」などです。特に集団でやっている時は、避《さ》けた方がいいです。ネガティブな感情は伝染《でんせん》します。その結果、稽古場や教室が大混乱になる可能性があるのです。

6 空想旅行レッスン

●1人 複 ★★☆☆☆

同じように「感覚の再体験ⓐ」をやってから始めます。

ファシリテーターは空想の旅を案内します。寝ている人に向かって、「さあ、目を閉じて下さい。あなたの体が5センチぐらいふわっと浮いたイメージを持って下さい。あなた自身の体が浮いたと空想してもいいし、魂が体から抜けて旅を始めたと思ってもいいです。そのまま、あなたの体はどんどん上昇して、この部屋の天井までいきます。さあ、そのまま、あなたは天井をふっと通り抜けてどんどんと上昇します。やがて、あなたはこの建物の上に出ます。そのまま、まだどんどんと上昇していきます。この街が遠くまで見渡せるまで上昇していきます」

ファシリテーターはここで、その場所の特徴を入れて下さい。僕は今、東京の杉並区という所でこの原稿を書いていますから、その前提で語ります。あなたはあなたが今、やっている場所に置き換えて下さい。

「どんどん上昇を続けます。やがて、遠くに新宿の高層ビル群が見えてきました。都庁も見えました。もっと上昇を続けましょう。東京湾が見えてきました。富士山が見えてきました。もっと上昇しましょう。鳥とすれ違い、飛行機を越え、雲の中を通りすぎて、さらに上に上がります。伊豆や房総《ぼうそう》半島が見えてきました。もっと上昇すると、日本列島全体が見えてきました。日本海や朝鮮半島が見えます。太平洋が見えて、アメリカや東南アジアが見えてきました。地球全体がよく見えます。

丸い地球です。さあ、宇宙空間に出ました。ここでしばらく遊びましょうか。漂《ただよ》い、流星を探し、無重力を感じ、地球を見つめます（もちろん、実際は目を閉じて寝転がったままです）。（15秒〜30秒ぐらいした後）さあ、それでは、地球に戻ります。ゆっくりと地球に近づきます。雲を抜け、飛行機の横を通り、鳥を眺めて、降りていきます。

太平洋に小さな島が見えてきました。ちょっと寄り道しましょうか。近づきます。どんどん、降りていきます。小さな島の草原が見えてきました。ゆっくりと降りましょう。気温は暑すぎず寒すぎず、最適の場所です。

そのままゆっくりと寝っころがりましょう。さあ、空はどんな具合ですか？　雲ひとつない青空？　それとも白い雲がぽっかりと浮かんでいますか？　太陽はあなたの体のどちら側にあって、どこを照らしていますか？　気持ちいい風は吹いていますか？　右の頬で感じますか？　左の頬ですか？　どんな匂いがしますか？　草の匂いですか？　花の匂いですか？　思いっきり吸ってみて下さい。

さあ、思いっきり伸びをしましょうか。声を出せる人は、気持ちいい声を出してみましょうか。（15秒前後の後）さあそろそろ帰りましょうか。ふわっと体が草原から浮き始めます。草原がどんどん小さくなっていきます。やがて、島全体が見えてきました。どんどん島が小さくなります。さあ、遠くに日本列島が見えてきました。出発した場所に戻りましょう（僕の場合は東京です）。関東地方が見えてきました。東京に近づきます。高層ビル群が見えてきました。どんどん近づいて、あなたが抜けた建物の上まで来ました。さあ、建物を通りすぎて、やがて、天井を通りすぎます。横たわっているあなたが見える人と、横たわっていて床が見える人がいるでしょう。ゆっくりと降りていきます。ゆっくり、ゆっくり。さあ、床につくか、体に戻ります。静かに感触を確かめて下さい。ではゆっくりと目を開けて下さい。あなたの空想の旅は終わりです」

……終わった後、参加者と「どんな感じがしたか？」を話し合ってみるのも有意義だと思います。どんな感覚が敏感《びんかん》になって、どんな感情が浮かんだか。（ただし、このレッスンがうまくいくと、熟睡する人が必ず何人かは出ます。それでもいいと思います）

＊これは、ファシリテーターの難しさとしては★４ぐらいです。でも、ファシリテーターも焦らず空想の旅を楽しんで下さい。

7 感情の解放レッスン

●１人 複 ★★★☆☆

感情をリリースするレッスンです。

例えば、あなたが雪山でクレパスに落ちて横になったまま動けなくなったとします。が、ヘリコプターの音が聞こえてきました。あなたは、力の限り、自分はここにいると叫びます。例えば、あなたは地震で倒壊した家の中に横たわっています。家具が重なって動けません。と、「おーい！」「誰かいるかー！」という声が聞こえてきました。あなたは力の限り叫びます。例えば、あなたは洞窟《どうくつ》の中に迷い込みました。もう何日もたって動けなくなりました。かすかに、「おーい」という声が聞こえてきました。叫びましょう。

……すべて、寝ている状態です。特に仰向《あおむ》けなら（目を閉じるのがよいでしょう）周りを気にせず、叫べるはずです。（うつ伏せの方がもっと周りは気になりませんが、叫んだ時の呼吸が苦しいと思います）すべてポジティブな方向への感情の解放です。ネガティブな方向は、やめた方がいいでしょう。思いっきり、ポジティブな方向に感情を解放してみましょう。どんな感じになるでしょうか。

8 暗闇の乗客

●6人～40人　★★☆☆☆

会場にランダムに広がった参加者に対し、ファシリテーターが「目をつぶって下さい。あなたは、今、遭難《そうなん》して、真っ暗な洞窟《どうくつ》にいます。なんとか手さぐりで出口を見つけなければいけません。ただし、その洞窟には、恐ろしい人食いモンスターがいるという噂があります。モンスターに出会わずに、なんとか出口を見つけて下さい」と雰囲気のある声で言います。

参加者は目をつぶってゆっくりと歩き始めます。たいていの場合、他人と触れ合った瞬間に「ひっ」とか「えっ！」とかの恐怖や戸惑いの声が出てくるようになります。みんな、全身で他人の気配を感じるようになります（身体感覚が敏感になっている状態です）。

しばらくしたら、ファシリテーターは、元気な声で、「その洞窟には、モンスターはいなくて、共に遭難した人がいることが分かりました。目を閉じたまま、出会った人と喜び合って下さい」と言います。今度は、さっきとうって変わったように、出会った人同士、歓声を上げるでしょう。

前半と後半の身体感覚の違いを味わって下さい。

9 目隠し鬼ごっこ

●4人〜50人（偶数）　★☆☆☆

2人1組で、鬼になったAが目隠しして、Bは目を開けたままガイド役になります。逃げる方も2人1組で、片方が目隠し（目をつぶり）して、もう1人が目を開けたガイドのチームです。

ルールは、基本の鬼ごっこです。

鬼であるAをBがガイドして、残りの2人1組のチームをタッチしようとします。例えば、Cが目をつぶってDがガイドして、逃げます。Aは、CかDの、どちらかをタッチしたら、鬼はCとDのチームに変わります。思わず興奮して、目を開けそうになるので、バンダナやタオルの目隠しをしていた方がいいでしょう。

2分〜3分間の時間制でやります。

＊自分のパートナーの声を、他の声と聞き分けて、その指示通りに逃げるというのは、難しいですが楽しいものです。聴覚がとても敏感になります。もちろん、逃げるための身体感覚もです。

10 暗闇の恋人

●2人～20人　★☆☆☆☆

2人1組で順番にやります。他の参加者は円形に座り、あまり大きくないスペースを作ります。基本は直径2メートルぐらいの円でしょうか。人数が少ない時は、椅子とかを使ってスペースを区切ります。

円の中に2人とも目隠しして立ちます。Aは「どこにいるの？」と聞きます。Bはすぐに返事しなければいけません。「ここにいるよ」と答えます。その状態で鬼ごっこです。

Aが「どこにいるの？」と聞くたびに、素早くBは「ここにいるよ」と返します。間をあけてはいけません。Aは何回でも聞くことができます。円形に座っている他の参加者は、2人が円をはみ出しそうになると、優しく膝《ひざ》から下を触って合図して下さい。

やってみると分かりますが、円が大きすぎると、逃げやすくなってなかなか捕《つか》まりません。ある程度、狭くする方がスリリングです。1分間ぐらいが目安です。1分間、逃げきったら交代しましょう。

11 リード&フォロー

●2人(偶数)複　★★☆☆☆

AとB、お互いの両手の手の平を合わせます。Aは目をつぶります。Bは目を開けたまま、手の動きだけでAをリードします。あまり早すぎるとフォローは難しいでしょう。

Aはリードされながら、Bを感じて下さい。Bがどう動こうとしているのかを、手の平から、そして、Bの雰囲気から感じて下さい。Bが導いているというより、2人で同じ動きをしているとか、踊っていると見られるようにして下さい。

12 闇夜の闘い

●2人〜10人 ◉　★★☆☆☆

2人1組ずつ順番にやります。10と同じように、他の参加者がある程度の円形の空間を作って座ります。

Aがガードマン、Bが泥棒です。

まずは、真っ暗闇という設定で、演じてみます。2人は懐中電灯もスマホも持ってないという設定です。ちょっとマヌケな2人ですね。始まりに、まず泥棒が「ハクション!」とくしゃみをしてしまいます。それが合図です。ガードマンは、人がいるはずがないので、「泥棒だ!」と暗闇を探し始めます。泥棒は、ガードマンが来るはずだと思って、逃げます。1分間、演技を続けたら終了です。

今度は2人が本当に目隠しをして、くしゃみから始めます。泥棒とガードマンです。途中で泥棒が捕まったら、そこで終了です。やはり、1分間の時間制にします。

そして、もう一度、真っ暗闇という設定の演技を1分間、やります。

暗闇の演技と本当に見えない時とでは何が違いましたか？　最初の演技と最後の演技では、何が違いましたか？　見ている側は、何が違うと感じましたか？

⑬ 誰の手？

●8人～20人 ㊐ ★☆☆☆

触覚を意識します。

12人前後の偶数が最適な人数です。

二列に並びます。A例とB列はペアになった状態で向き合います（12人の場合は、6人ずつの列です）。A列は、相手を確認した後、目を閉じます。B列は、目の前の自分のパートナーに片手を差し出します。A列の人は、目を閉じたまま、その手の感触、手の平や甲、指などを、両手で触ってしっかりと覚えます。時間は30秒。ファシリテーターが時間を計ります。

次に、B列の人は、ランダムに移動して、A列の別な人の前に立って片手を差し出します。A列6人、B列6人だとしたら、B列の人は、A列全員にランダムに片手を差し出します。A列の人は、目を閉じたまま6人の手を両手で触ります。1人10秒ずつです。

自分のパートナーの手だと思ったら、「はい」と声を出します（Dさんの手を触っていたCさんが声を出したとします）。もしDさんが、まだ6人全員に片手を差し出してない場合は、とりあえず、全員に触ってもらいます。最終的に、「はい」と言われた人の前に立ちます。もし、2人から「はい」と言われた場合は、目をつぶった人（例えばCさんとEさん）を移動させて、2人ともDさんの前に立ちます。

ファシリテーターの合図で一斉に目を開けます。自分の触覚が正しかったかどうか、確認して下さい。

＊僕はイギリスの演劇学校でこのレッスンをやりましたが、その時に必死で触った黒人のクラスメイト、オッフォーの手の平の感触をいまだにはっきりと覚えています。触覚をはっきりと自覚した初めての経験でした。

14 彩《いろど》りの話

●2人（偶数）複 ◉ ★★★☆☆

Aがあるできごとを話します。3文前後でしょう。短すぎず長すぎない、ちょうど覚えられそうな長さです。

例えば「昨日、道を歩いていたらサイフが落ちていて、中を開けたらなんと一万円札が3枚入ってた。カードも入ってたから、急いで近くの交番をスマホで探したんだ」（これで2文です）なんて文章があるとします。

Bはそれを聞いて、この文章に色をつけます。少々、無理してもかまいません。嘘が入っていてもいいので、つけられるだけの色をつけて下さい。

例えば――「昨日、灰色の道を歩いていたら、茶色いサイフが落ちていて、中を開けたら、なんと光り輝く1万円札が3枚入ってた。金色のカードも入ってたから、急いで近くの交番を赤いカバーがついたスマホで探したんだ」なんて感じです。

交代して、Aは自分の話に強引に色をつけてみて下さい。時間があれば、次にBが自分の話をして、Aが強引に色をつけます。

他のチームの話も参考に聞いてみましょう。自分が普段から、どれぐらい色に対して自覚的なのか、無自覚なのか、気づくレッスンです。

15 匂いの話

●2人 複 👁 ★★★☆☆

レッスン14（彩りの話）のAの話を、Bは匂いに特化して変えます。

「昨日、カレーの匂いが漂ってくる道を歩いていたら、古い革の匂いがするサイフが落ちていて、中を開けたらなんと湿っぽい匂いの一万円札が3枚入ってた。メタルっぽい匂いのカードも入ってたから、急いで近くの交番をいい匂いのするスマホで探したんだ」

少々、嘘くさくなってもかまいません。とにかく、つけられる匂いをうんとつけて下さい。交代のやり方は、14と同じです。

16 感触の話

●2人 複 👁 ★★★☆☆

レッスン14（彩りの話）のAの話を、Bは感触に特化して変えます。

「昨日、ごつごつとした道を歩いていたら、ごわごわしたサイフが落ちていて、中を開けたらなんとしわしわの一万円札が3枚入ってた。つるつるのカードも入ってたから、急いで近くの交番をざらざらしたスマホで探したんだ」

少々、嘘くさくなってもかまいません。いれられるだけの感触をいれてみて下さい。交代のやり方は14と同じです。

17 音の話

●2人 複 👁 ★★★☆☆

レッスン14（彩りの話）のAの話を、Bは音に特化して変えます。

「昨日、うるさい道を歩いていたらサイフがぽつんと落ちていて、パカッと中を開けたらなんと一万円札がどどーんと3枚入ってた。ぴっかぴっかのカードも入ってたから、あふあふしながら急いでぐーんと近くの交番をスマホでさくさくと探したんだ」

まあ、音というよりオノマトペ（擬声語《ぎせい》や擬態語《ぎたい》）ですが、それを含めて表現してみて下さい。交代のやり方は14と同じです。

声を意識するレッスン

＊「声の要素」を僕は5つに分類しています。「大きさ、高さ、速さ、間、音色」です。同時に発声にとって大切なことは、「1.決して焦《あせ》らないこと　2.首、肩、胸、膝などに余計な緊張がないこと　3.お腹で声を支えていること　4.声が前に出ていること　5.声のベクトル（方向と幅）をイメージすること」です。（詳しくは『発声と身体のレッスン』を参照）

声のさまざまな要素を自覚することはもちろん、発声そのものをうんと楽しむためのレッスンです。

1 声かけレッスン・横バージョン

●7人〜10人 複 目 ★☆☆☆☆

自分の声がどんな方向にどんな幅で進んでいるかつまりは「声のベクトル（声の方向と幅）」を「見える化」するレッスンです。

8人前後が背を向けて、2列に並びます（人数が多い場合は、部屋の各隅ごとに8人が集まれば同時に30人ぐらいまでできます）。

Aが少し離れて立ちます（1.5メートルから2メートルぐらいがいいでしょう）。Aから、全員の背中が見えるようにファシリテーターは指示して下さい。Aは、誰かの背中に向けて、声をかけます。「ねえ」とか「あの」「ちょっと」とか、実際に自分が声をかける時の言葉を出して下さい。

背中を向けている人達は、一斉に、声のした方向を指さします（図28）。全員が同時です。後ろの方に落ちたと感じたら後ろを指さし、上の方を飛んで

図 28

いったと感じたら上を指さし、自分の肩の辺りに来たと感じたら肩を指さします。

（今まで、この「声かけレッスン」は、「自分だと思った人が手を上げる」というやり方でした。そうすると、周りを気にしながら、「世間」に生きている日本人は「私かな？　手を上げた方がいいかな。友達だもんね。でも違ってたらどうしよう」と、自意識の葛藤《かっとう》に放り込まれていました）。ですから、そこを改良して、全員が同時に指さすという方式に変えました（長年僕の演出助手で、今は売れっ子の演出家になった板垣《いたがき》恭一《きょういち》氏に教えてもらいました）。

やってみると分かりますが、的確に声を飛ばせるAは、例えばBの背中に飛ばし、Bは自分の背中を指さし、周りの人は、全員がなんとなく、Bを指さします。声のベクトルが、壊れないまま、その人に届いていることが「見える化」されるのです。この状態を、僕はレベル1と呼んでいます。

レベル2は、狙ったBには届かず、例えばBの頭の上を飛んでいった状態です。Bは自分の頭の上を指さし、他の人もなんとなくBの上空辺りを指している場合です。ベクトルは壊れてないけれど、的確に目標に届かなかった場合です。

レベル3は、全員がバラバラな方向を指している場合です。ベクトルが失われて、声がいろんな方向に拡散したのです。

声をかけた後、必ずAは、誰に向かって声をかけたかを全員に言って下さい。全員で、それぞれの声がどんなふうに飛んで言ったかを確認しましょう。

＊これは、目標としている人に当たったかどうかを競うゲームではありません。例えば、AがBを

狙った時、Bは自分の背中を指さしているけれど、他の人はバラバラな方向を指さしている場合があります。Aの声が拡散《かくさん》しながら、とりあえずBには届いたと考えられます。または、Bが敏感で、「あ、背中だ!」と感じたのかもしれません。いずれにせよ、声は全体としてはちゃんとは届いてないのです。ですから、Bが自分の背中を指さしたことで、Aが「当たった」と喜ぶのは残念ですが違います。

2 声かけレッスン・縦バージョン

●8人~15人 複 ★☆☆☆

今度は、縦《たて》に一列になります（部屋の大きさにもよりますが、2列か3列、離れた場所で同時にすることも可能です）。並んだ人達の前後の距離は、「前へならえ」の半分ぐらいの感じです。

Aは、まず、少し横に回って、誰に声をかけるか決めます（図29）。決めたら、列の最後尾から1メートルぐらい離れた場所に立ちます。その位置からは、最後尾の人の背中しか見えません。全員はまっすぐ一列になっていますからね。Aは、その場所で、決めた人（例えばF）に向かっ

図29

て、声をかけます。（どんな言葉がいいかは、❶に書きました）

イメージとしては、上から放物線を描いてFに届けてもいいし、横からブーメランのように飛ばしてもいいし、Fの手前に立っている人達の体を突き抜けて真っ直ぐ届けてもいいです。

この時、列から1.5メートル前後離れた横にHが立ちます。列の中央辺り、全員の横からの姿が見える位置です（図30）。

Aは声を出します。❶の横バージョンでは、列の人は指をさすだけでしたが、縦バージョンでは、声が届いたと感じた場所に全員が移動します。この辺りに飛んだと思う場所まで来て指さします。これもレベル1、レベル2、レベル3の状態が現れます。

全員が例えばFを指さすように移動してきて、Fも自分の頭を指しているというレベル1。全員が例えば、最後列のBがいる場所を指さしているのだが、声を出したAは、その3人先のFを狙った場合のレベル2。よくあるのは、半分の人数が移動してCを指さし、半分が移動してFを指

図30

さしていたりする場合です。狙ったのは、Fでしたが、途中でベクトルが半分に分かれてしまった場合です。レベル3は、全員がばらばらな場所で、ばらばらな方向を指さしている場合です。

そして、横から見ていたHも、どこに声が飛んだかを移動して指さします。何度かやっていくうちに、Hの場所、つまり横から見ていると、声がどこに飛んだのかよく分かるようになります。横から見ていた人が指さす場所は、一列になっている人の多くがさす場所と一致するようになるのです。

Hの場所とはなんでしょうか？

ファシリテーターは、ぜひ、参加者に聞いてみて下さい。鋭《するど》い人は分かりますね。そうです。Hの位置は、観客です。つまり、Aの俳優がどんなにFに向かって声を出そうとしていても、その手前の（例えば）Cに落ちていることを感じられるのが、観客の位置なのです。

＊「横バージョン」と「縦バージョン」は、ぜひ、両方ともやって下さい。自分の声に自信がない人、そもそも自分に自信がない人の声は、びっくりするぐらい明確に手前で落ちます。目標に届きません。また、声は大きいけれど、相手とコミュニケーションしてない人の声は、上空に飛んだり拡散したりします。楽しみながら、ぜひ自分の声のベクトルを「見える化」してみて下さい。

3 音ボール

●6人～15人 ㊅ ★★☆☆☆

円形に立ちます。1人が例えば「ふわ〜」と声を出して、ボールを誰かに向かって投げる真似《まね》をします。受け取る方も、同じ「ふわ〜」という声を出して受け止めます。すぐに、例えば「びゅーん！」という声を出してボールを誰かに投げる真似をします。投げられた人は「びゅーん」という声を出して受け止めます。この繰り返しです。

手だけではなく、体のいろんな部分や、または全身を使って幻のボールを投げて、受け止めて、いろんな声を出してみましょう。

4 声の5つの要素で遊ぶレッスン1

●2人（4人〜40人）　★★☆☆☆

2人で相談して（奇数の場合は、3人チームでも大丈夫です）、4秒前後の音の連《つら》なり（ワンセット）を作ります。例えば「どんがっちゃどんどんべーーぽんっ！」なんて音です。活字で読むと楽しさがなかなか伝わりませんが、メロディーをなんとなくつけて、迫力もつけて、リズムも刻んで、生き生きと言う感じです。声の5つの要素「大きさ、高さ、速さ、間、音色（音質）」を意識して作って下さい（『発声と身体のレッスン』参照）。全部を入れるのが難しければ、いくつかでもいいです。

一番簡単な作り方は、Aが前半をアドリブで口にして、後半をBがアドリブで何か言うというやり方です。Aが「どーんどんどん」と言い、Bが「ぱっぱぱぱー！」としたら、「どーんどんどんどんぱっぱぱぱー」で、一応の出来上がりです。ここで終わってもいいのですが、できれば「大きさがあんまり変わってないから、最初の『ぱっ』は小さく言おう」とか「高さをもっと変えてみよう」『どーん』の音色を変えてみよう」と相談できると素敵です。

とりあえずできたら、2人で声をそろえて、2回繰り返して言えるように練習します。自分が作った部分だけではなく、全部をユニゾンで（同じ音で）言うのです。

このレッスンは、他に参加者が多い方がいいです。なぜなら、他の参加者の音を聞けるからです。まず、他の参加者の前で自分達の作った音のかたまりを2回繰り返して発表します。2回繰り返すのは、自分達がよく分かっていることを確認するのと、他の参加者が覚えやすくするためです。

2回発表したら、他の参加者はそのまま真似して2回繰り返します。作った人達も一緒に言って下さい（作った人はつまり計4回、言います）。自分達の発表が終わったら、他の参加者の音を聞いて繰り返します。どんな感じがするか、味わってみましょう。

＊これは、『演技と演出のレッスン』に書いた「内面と表現」のレッスンでもあります。

私達は、「内面→表現」と教わってきました。いろんな内面を体験することで、表現が豊かになる、ということです。それは間違いありません。だから、いろんな小説、映画、演劇、ダンス、詩、絵画などに接して、内面を刺激して、豊かな表現を獲得しようとするのです。

でも、逆の回路もあるのです。つまり「表現→内面」という方向です。とにかくいろんな表現をすることで、内面が豊かになるということが起こるのです。

他人の作った音を強引に真似することで、自分の内面にどんなイメージや感情が沸き起こるか、味わってみましょう。今まで経験したことのないイメージや感情が沸き上がれば、それはとても素敵なことです。その小さな変化を大切にしましょう。

5 声の5つの要素で遊ぶレッスン2

●8人〜50人　★★☆☆☆

「声の5つの要素で遊ぶレッスン1」で、4秒前後の音の連なりを作った後にやるレッスンです。このレッスンは、20人以上いると効果的です。

AとB、CとDなど、一緒に音の連なりを作ったチームは、もう一度、自分達の作った音を確認します。ずっと他の人達の音を聞いていると、自分の音が分からなくなったりしますからね。

音が確認できたら、ファシリテーターは、「それでは、今の相手に別れを告げて、室内をランダムに歩いて下さい」と告げます。

それぞれは、ランダムに歩き始めます。ファシリテーターは「スキップします」「後ろ向きに歩きます」「かかとで歩きます」など、いくつかの指示を出した後、「ストップ！」と全員を止めます。そして「目を閉じて下さい」と全員の目を閉じさせます。

「今から、今作った音だけを手がかりに、パートナーと再会します。音だけです。再会できたら、その時点で初めて目を開けて、部屋の壁側に下がって、他の人が全員、パートナーを見つけるまで待っていて下さい」と指示します。

「念のために言いますが、絶対に目を開けてはいけません。私はみなさんの間を歩きますから、薄目を開けてパートナーを探している人を見つけたら、ただちに、つまみ出します（笑）」なんて付け加えます。「それでは始めましょう！　スタート！」

30人ぐらいいると、部屋は喧騒《けんそう》の渦《うず》になります。それでも、1組、2組とパートナーを見つけて、壁側に下がる人達が出てきます。ファシリテーターは、最後の1組が相手を見つけるまで、優しく待っていて下さい。

＊これは、「今まで、こんなに耳をそばだてたことがない」ということを実感するレッスンです。他の人の音が響く喧騒の中、必死で自分達が作った音を探します。そんな、人生の中でめったにない「音に対して敏感」な経験をしてみて下さい。

音に鈍感な俳優は、表現力が育たないと僕は思っています。人が話しているのに、平気で足音を立てて登場するとか、本をバタンと閉じるとか、食器をかちゃかちゃ言わせるとかする俳優達です。音に敏感になることが、自分の声に対して敏感になることでもあるのです。

6 ハーモニー・レッスン

●6人〜20人ほど　★★★★☆

やや高度なレッスンです。

全員が密集して円形になります。立っても座ってもいいです。

ファシリテーターは、例えば「南の島の一日」なんてテーマを出します。「夜が明ける所から始まります」と続けます。それを聞いて、グループ全員で「南の島の一日」を音で表すのです。鶏《にわとり》の鳴き声をする人がいてもいいし、あくびや「おはよう」という声を出してもいいし、夜明けのイメージの音楽をハミングしてもいいし、夜明けのリズムをドンドンと口ずさんでもいいです。

とにかく、グループ全体で一種の交響曲のように、「南の島」の朝から夜までを表します（ですから、言葉だけにならないように全体で気をつけて下さい）。もちろん、いつ朝から昼になって、夜になるなんてことは誰も言いません。ただ、全員が音で表現するのです。

難しいレッスンですが、やってみる意味はあります。他には「都会の一日」「田舎の一日」「雪国の一日」などです。

7 ジブリッシュ（ムチャクチャ語）・サークル

●6人〜15人 複 ★★☆☆

ジブリッシュとは、意味のないむちゃくちゃな言葉のことです。僕は説明の時は、ジブリッシュと言わないで、ムチャクチャ語と言っています。その方が親しみを感じるからです。あなたは好きな方を。

ムチャクチャ語を使うことで、言葉は意味を失い、声は音の側面がクローズアップされます。

円になって座ります。
1人目が例えば、ムチャクチャ語で「ワナリリリ」と言ったとします。2人目は「ワナリリリ」に、自分のムチャクチャ語「ペロロゲ」を足して「ワナリリリペロロゲ」と言い、さらに3人目は「ワナリリリペロロゲフォーリャンパー」と、自分のムチャクチャ語を足していきます。途中で分からなくなったら、最後の人の「フォーリャンパー」だけをもらって、4人目は「フォーリャンパーゲデブガ」とします。

悩まず、考え込まず、声の意味ではなく、いろんな音を楽しんで下さい。

8 ジブリッシュ（ムチャクチャ語）辞典

●6人〜20人 複 ★★☆☆☆

円になります。Aが例えば「ガリグレドダ」と言いながらBを指さします。Bはすぐに「ガリグレドダ、ダンプカー」と通訳して、すぐに「パレボサリン」とCを指さします。Cはすぐに「パレボサボテン、らくだ」と通訳します（もちろん、通訳はでたらめです。大切なことはテンポです。迷わないで、素早く通訳します。意味のある言葉と意味のない言葉の違いを楽しんで下さい）。

9 ジブリッシュ（ムチャクチャ語）昔話

●6人〜10人 複 ★★★☆☆

円になります。ファシリテーターは、例えば、「これから『桃太郎』の物語を始めましょう」と言います。

円の最初の人から、一文ずつ、ジブリッシュで桃太郎を話し始めます。ジブリッシュですが、心をちゃんとこめて、日本語でやる時と変わらないように話して下さい。

他のメンバーの文章を聞いていると何を言っているのか、なんとなく分かるジブリッシュと、全然、分からなくなるジブリッシュがあることを、発見するでしょう。その違いを楽しんで下さい。

10 ジブリッシュ（ムチャクチャ語）昔話2人バージョン

●2人 ㊜ ★★★☆☆

2人でやります。片方がジブリッシュで昔話を始めます。9と同じことを1人でやるわけですね。聞いている方はそれが何か当てます。2分ぐらいの時間制にしてやりましょう。分かったらそこで言う方法と、分かっても最後まで聞く方法があります。（奇数なら1人が話して、2人で当てます）
どちらも楽しいです。

11 ジブリッシュ（ムチャクチャ語）砂浜

●2人 複 ★★★☆☆

①2人で背をくっつけたまま、ムチャクチャ語で話します

大人でしたら、ムチャクチャ語で口説《くど》きましょう。どっちから口説くかは決めないで、お互いの感覚にまかせましょう。

子供だったり、口説くのはどうも、という場合は、「この後、食事する？ 何食べる？ どっちがおごる？」なんて話題がいいと思います。完全に子供の場合は、「今日の放課後、何する？」「誰先生が一番好き？ どの教科が嫌い？」なんて話題ですかね。

なるべく、具体的でイメージしやすい話題をファシリテーターは選んで下さい。そうしないと、ムチャクチャ語ですから、話している内容もムチャクチャで、よく分からないまま終わる可能性が高いのです。「どこか遊びに行く？」とか「好きなマンガは何？」というような漠然《ばくぜん》としたテーマは選ばない方がいいでしょう。意味のない音を意味のないまま並べて終わってしまう可能性が高いです。

②日本語にスイッチ

①が終わったら、（可能なら）ペアを変えます。そして、同じ話題で話します。ただし、ファシリテーターが途中で「日本語！」と叫びます。その瞬間、ムチャクチャ語から日本語にすぐにスイッチして下さい。

「あがべらでろけれどばざん、ごべばりどか（「日本語！」）すごいきれいなレストランなんだよ。絶対に気に入るから」なんてことです。（「日本語！」）は、ファシリテーターが叫んだということです。日本語にスイッチする時に「だから、まとめて言うとさ」という風に言いたいことを整理するのではなく、その瞬間にスイッチします。ムチャクチャ語で話していても、今何を話しているかは分かっているはずですから、すぐにスイッチできるはずです。すぐにスイッチできないなら、それは、ムチャクチャ語で話しているのではなく、ただ意味のない音を続けているだけなのです。

しばらく日本語で話したら、今度はファシリテーターは「ムチャクチャ語！」と叫んで下さい。言われた人達は、すぐにスイッチしてムチャクチャ語に戻します。何度か「日本語」と「ムチャクチャ語」の往復を体験して下さい。どんな感じがしましたか？

＊ムチャクチャ語のレッスンでは、僕は毎回、相手を変えることをお勧めします。それは、何回か言っているうちに、自分のムチャクチャ語が全然、ムチャクチャではなくて、あるパターンの繰り返しになることに気づくからです。

その時は、前述したように（158ページ）、人間の社会的進歩の条件の三つ「1、試行錯誤、2、権威《けんい》者《しゃ》教示《きょうじ》、3、模倣《もほう》」のうちの模倣を使うのです。つまり、相手を変えることで「こんなムチャクチャ語があるんだ」と相手の真似をすることで、多様な音の使い方を知るのです。

⑫ ジブリッシュ（ムチャクチャ語）詩人

●2人 複 ★★☆☆☆

2人でやります。Aがムチャクチャ星から来た詩人です。Bが日本語とムチャクチャ語の通訳です。

2人、横並びで立ちます。目の前に聴衆《ちょうしゅう》がいるイメージです。（参加人数が少ない場合は、実際に聴衆を前に一組ずつやるのがいいでしょう。多い場合は、同時に複数、いろんな方向を向いて、目の前に聴衆がいるという設定で話します）

2人、聴衆に向かっておじぎをした後、Aが例えば、ムチャクチャ語で「あがべなごたくとて、がはだこたた」と、自分の詩を一行言います。Bはすぐに「朝起きると、空に永遠が浮かんでいた」なんて通訳します。すぐにまたAが「ごとかけたたまりかんたとてて」と言い、Bが「永遠は私に微笑みかけてきた。生きろと」なんて感じです。AとBは、お互いのムチャクチャ語と日本語を聞きながら、素敵な詩に仕上げてみて下さい。

ファシリテーターが終わりを告げるよりは、2人があうんの呼吸で、最後にお辞儀《じぎ》して終わりにします。詩が終わるに相応しい流れにして下さい。1、2分程度でうまく終われると素敵です。

⑬ ジブリッシュ（ムチャクチャ語）強引なセールスパーソンと客

●2人 複 ★★★☆☆

文字通り、ムチャクチャ語でセールスパーソンAは商品を客Bに売りつけます。あらかじめ、Aは何を売るかは決めておきますが、Bに言う必要はありません。真珠のネックレスでも、会員権でも、産地直送の桃でもなんでもいいです。ムチャクチャ語を駆使して、身振り手振りも加えて、売りましょう。Bは納得すれば買えばいいし、嫌だと思ったらムチャクチャ語で撃退《げきたい》しましょう。だんだんと興奮してくると面白いですね。

14 ジブリッシュ（ムチャクチャ語）旅人

●2人 複 ★★★★☆

Aが「ムチャクチャ語A星」から来た旅人です。Bが「ムチャクチャ語B星」の地元の人です。つまり、ここは「ムチャクチャ語B星」の設定です。

旅人であるAは、行きたい場所があって、地元民Bに質問します。それは、「トイレはどこですか？」とか「郵便局はどこですか？」というような単純な質問ではなく、例えば「窓からとても綺麗《きれい》な景色が見えるトイレはどこですか？」とか「窓口にイケメン（美人さん）のいる郵便局はどこですか？」のような、「×××な□□□はどこですか？」という、ひとつひねった質問をムチャクチャ語Aでします。

地元のBは、仕事か学校帰りに、交差点で信号待ちをしているという設定です。Aの話を聞いてあげたいと思ったら聞いて下さい。Aが、あんまり困ってなさそうだったり、そこに絶対に行きたい感じがしない場合は、そのままＢは家に帰ってレッスン終了です。

話を聞こうと思ったＢは、耳を傾けます。よくわからなければ、ムチャクチャ語Ｂで聞き返します。この時、ＡもＢも、いっさいのジェスチャーをしてはいけません。ノージェスチャーです。これが大切なことです。

しばらくＢはＡの話を聞いて、これかなと思ったら、初めてジェスチャーします。例えば「ボートに乗れる公園はどこですか？」と言っているのかなと思ったら、２人の出会った交差点からＡの手を引いて、公園に連れていくジェスチャーをして（数歩歩いて）、そのままボートに乗せて漕《こ》ぐジェスチャーをします。もし、Ａが「その通り！」と思った場合は、手をＢに差し出し、幸福に握手してレッスン終了です。でも、Ａがそれは違うと思った場合、両手で大きなバッテン印を示して、また、Ｂの手を引いて、出会った交差点まで戻ります。そして、またムチャクチャ語Ａで、ノージェスチャーで会話を続けます。

「この街で一番安くて美味しいラーメン屋さんはどこですか？」という質問と「この街で一番安くて美味しいうどん屋さんはどこですか？」は、ジェスチャーがとても似てくる可能性があります。そういう場合は、ＡとＢは簡単に日本語で答え合わせをしないで、手を上げて、ファシリテーターを呼んで下さい。ファシリテーターは、Ａの目的とＢの判断を別々にこっそり聞いて、合っているかどうか判断して下さい。

＊ムチャクチャ語のレッスンは、音の響きを純粋に楽しむレッスンではありますが、言葉にふたつ

の機能があることを学ぶレッスンでもあります。ひとつの機能は、「情報を伝える」ということですが、もうひとつは、「感情やイメージを伝える」ということです。

大人になると、言葉はただ情報を伝えるツールになっていきがちです。「明日の集合は9時です」「レポートの提出は火曜です。遅れないで下さい」など、情報を伝えることでよしとするのです。結果、自分の言葉の「感情やイメージ」が痩《や》せ細っていくことに気付かないのです。

やってみれば分かりますが、このレッスンは冷静なままでは絶対に成功しません。ムチャクチャ語で話すということは、情報を遮断《しゃだん》されたということですから、感情やイメージを伝えるためには、冷静なままではダメなのです。

このレッスンは、大人より子供の方が成功率が高いです。普段《ふだん》の自分の言葉からどれぐらい感情やイメージが失われているかを知るためのレッスンなのです。

言葉を意識するレッスン

表現とコミュニケーションのための重要なツール、言葉に対して自覚的・意識的になるレッスンです。

1 心に響いた言葉

●1人 ◉ ★☆☆☆

詩でも歌の歌詞でも小説の一節でも人から言われた言葉でも、とにかく、あなたの心に響いた文章や言葉を発表します。

文章や言葉を言う時は、ただ事務的に紹介するのではなく、気持ちを入れて声に出して下さい（その言葉を言った人の気持ちか、それを受け止めたあなたの気持ちです）。

そして、なぜ、その言葉や文章が心に響いたのか理由を話します。参加者が多いと、いろんな人を動かしたさまざまな言葉と、いろんな人の背景がかいま見える興味深いレッスンになります。

2 嫌な言葉

●1人 ◉ ★☆☆☆

生活していて、聞こえてきた嫌な文章や言葉、ネットで出会った嫌な文章や言葉、テレビのニュースやドラマ、動画での言葉をひとつ発表します。そして、何故、この言葉が嫌いなのかも説明します。

③ 決めゼリフ

●1人 ◉ ★★☆☆☆

紙とペン

①人生で一度は言ってみたいセリフを考えます。

②①で決めたセリフの前振りになるセリフを考えて紙に書きます。この時、長くなりすぎないように気をつけて下さい。

③参加者が複数いる場合、その紙を読む人を指名します。参加者が他にいない、または誰も知らない時は、ファシリテーターが読みます。

④それを聞いて、「決めゼリフ」を言います。言い終わったら、なぜ、そのセリフを言いたかったのかを言います。参加者からの質問があれば答えます。

⑤ファシリテーターは、決めゼリフをいくつかの言い方でするように促します。例えば、紙に書いてあるセリフが「俺とあいつ、どっちを取るんだよ！」だとして、「ごめん。2人とも大好きなの！」というのが人生で一度は言ってみたいセリフだとします。

ファシリテーターは、「ものすごくすまなそうに」「堂々と」「開き直って」「ポジティブな感じで」「ネガティブな感じで」といくつかのバージョンを提案してみましょう。

4 何の話？

●4人〜6人 複　★★☆☆☆

AとBは相談して、話す話題を決めます。

例えば、映画『トトロ』について話すとします。けれど、他の人には分からないように、決して直接的には話しません。「あれに乗ってみたいよね」「中はふわふわなのかな」「でも、いなくなった時はドキドキしたね」なんてことです。

聞いている他の人たち、例えばCが、何の話をしているかわかったら、参加します。もちろん、まだ聞いているDや他の人には分からないように言うのは同じです。「しがみついて空を飛んだ時は感動したね」なんてことです。残りの人は、当てようとします。もし、参加したCの理解があやしいと思った場合、AかBが「何の話？」と聞き、Cは耳元で説明します。合っていたら、もちろんCは話を続けます。違っていたら、「そうじゃない」とAかBが言って、Cはまた聞く側に戻ります。そして、また、話を聞きながら、何の話か当てようとします。3分前後の時間制がいいでしょう。

5 声の鏡レッスン

●2人 複　★★☆☆☆

AはBに向かって話します。例えば『ロミオとジュリエット』だとします。Aは一文ずつ（または区切りよく）話し、Bはそれをただ繰り返します。A「私、『ロミオとジュリエット』好きなんだよね」B「私、『ロミオとジュリエット』好きなんだよね」A「なんで好きかというとね」B「なんで好きかというとね」……という感じです。

途中でファシリテーターは「チェンジ！」と言います。その瞬間、すぐにBがまったく違う話題を話し始めて、Aが繰り返します。ただ繰り返すのではなく、ちゃんと相手の感情も真似《まね》して下さい。

ファシリテーターがまた「チェンジ！」と言ったら、Aは『ロミオとジュリエット』についての続きから話します。以下、繰り返しです。

❻ セリフ当てゲーム

●3人～6人 複 ★★★☆☆

Aには内緒で、Aに言わせたいセリフを他のメンバーで決めます。例えば「今晩はピザにしようか」とします。

他の人達は、なんとか自然にAにそのセリフを言わせるように会話します。Aも協力して、言葉を探しますが、あくまで自然な気持ちを大事にして下さい。

3分～5分の時間制がよいでしょう。セリフを相談している間は、Aには部屋から出てもらうか、誰かが紙に書いてA以外に見せるのがよいでしょう。

7 秘密の単語

●3人（3n）複 👁 ★★★☆☆

✎紙とペンとテープ

1チーム、3人です。ファシリテーターは、3人のそれぞれの背中に、単語をひとつ張り付けます。例えばAの背中には「休暇《きゅうか》」、Bの背中には「秘密」、Cの背中には「乾杯《かんぱい》」としましょうか。

3人は、まず、お互いの背中の単語を確認します（自分のはもちろん分かりません）。そして、会話を始めます。立って話しても座って話してもかまいません。3人は、とにかく、相手の背中の単語を相手に話させようとします。例えば、AがBに話しかけて、Bが思わず「そんな秘密なんかないよ」と言ったら、Aの勝ちです。Aは指摘《してき》して、Bは抜けます。残りは、AとCの戦いです。3分〜5分とかの時間制がよいでしょう。慎重にならずに、楽しく会話して見つけましょう。

8 最初と最後の物語レッスン

●4人〜8人 複 👁 ★★★☆☆

Aがなんでもいいので文章を考えます。例えば、「ロンドンに行きたいなあ」。Bもなんでもいいので文章を考えます。例えば「自転車を盗《ぬす》まれてしまった」。

さあ、Aの言葉から始まって、間を埋めて、Bの言葉で終わる物語を創りましょう。基本的に一文ずつ話して二往復して（4人だったら、計8回）、Bの言葉にたどり着きましょう（6人以上だと、一往復でもいいです）。

9 ことわざドラマ

●3人〜20人 ◉ ★★☆☆☆

2、3人のチームで、1分間の時間制限の中で、ことわざをドラマにして、何のことわざかを周りが当てます。セリフと動きで創りますが、もちろん、ことわざに関する単語を直接言ってはいけません。どんなことわざを選んで、どんなドラマにするかの相談は、3分間。ファシリテーターが計って下さい。

2人チームと3人チームでは、難しさや楽しさが違ってきます。できれば、両方やってみて下さい。「井の中の蛙大海《かわずたいかい》を知らず」「石の上にも三年」「馬の耳に念仏」などなどですね。

V　集中力を高めるレッスン

＊精神や感情、体を良いコンディションにするためには、「集中と解放」が必要不可欠です。感情と身体を大きく解放するためには、精神と身体を集中させることが必要ですし、集中できて初めて、大きく解放することも可能なのです。
参加者が楽しく解放され、稽古場《けいこ》（会場・教室）が「失敗しても許される雰囲気《ふんいき》」になることはとても大切ですが、同時に「感情と身体」を大きく解放するために、自分の感情や精神、身体を見つめ、集中することも必要になります。

1　カウントゲーム・ベーシック

●5人〜20人 複　★☆☆☆

円形に立ちます。

1から20まで、順番に数を数えます。数える声が重なったら、また初めからです。1人最低1回は必ず声を出すと決めます。目配せはしません。ただ感じます。

難しいようだと、円を小さくして、お互いを感じやすくします。また、少人数だと全員が円形で後ろを向いて、背中を合わせて座った状態で始めるという方法もあります。お互いをより感じやすくする方法です。

❷ カウントゲーム・ステップバージョン
●7人～16人 複 ★★★☆☆

円形に立ちます。

まず、誰でもいいので1人が前に一歩進みます。次に誰でもいいので2人が同時に前に進みます。うまくいけば、次は誰でもいいので3人が同時に前に進みます。これは全体の人数が7人～9人の時です。人数が10人～14人の時は、次は4人同時に進みます。人数が15人～16人の時は、次に5人進みます。途中で、動きがダブった場合は、また最初からやり直しです。

最後までうまくいけば、今度は逆の手順で同時に下がります。人数が7人～9人の時は、まず、3人が同時に後ろに下がります（前に出てない人でもかまいません）。次に2人が後ろに下がり、次に1人が後ろに下がります（前に出た人と同じ人が同じ順番で後ろに下がるのはナシです）。これで終了です。

15人～16人になって、どうしても、5人同時に前に行くことができない場合は、2つのグループに分かれて、3人が前に出るバージョンでやってみて下さい。

3 全員でフリーズ

●10人～30人　★★☆☆☆

ランダムに歩いていて、誰かが止まったら、全員がフリーズします。その人が歩き始めたら、全員も歩き始めます。また他の誰かが止まったら、全員が止まります。

全身をアンテナにして、集中して、周りを感じて下さい。

4 小さな演技

●6人～10人 👁　★★★☆☆

横一例に並んでいる人達の前に、Aは1人立ちます。列の真ん中辺りで、距離にして、1.5メートル前後離れている感じです。

そのまま、Aは、ささいな動きをします。

例えば、目を伏《ふ》せるとか、まばたきをするとか、首をほんの少しかしげるとか、唾《つば》を飲み込むとかです。

ファシリテーターは、そのたびに、「どんな感じがした?」と並んでいる人に聞いて下さい。どんな小さな動き（演技）でも、間違いなく、見ている人達は、いろんな意味や感情を感じています。自分の番になったら、うんと小さな動きをしてみましょう。それでも、見ている人は何かを感じます。

その反応に驚くことでしょう。

5 目でコントロール

●2人 ㊔ ★★☆☆☆

AとBが1メートル前後離れて立ちます。Aは、Bに目で「来い、来い」と「行け、行け」の二つを示します。Bは、Aの目を見て、「来い」と言われていると感じれば近づくし、「行け」と言われていると感じたら、下がります。ファシリテーターは時間を計って、30秒から1分ぐらいやってみます。終わった後、合っていたかどうか、どう感じたか話し合って下さい。

6 感じる腕組み

●3人 ㊔ ★★☆☆☆

AとBが背中を合わせて立ちます。掛け声のないまま、同時に腕を組みます。他の参加者かファシリテーターはそのタイミングを見ていて、合っているかどうか、2人に伝えます(なので3人がチームです)。合っていたら、2人は半歩、離れます。そして、また合図なしで腕組みします。合っていたら、また半歩離れます。どこまで広がれるか、やってみましょう。

7 シンクロする動き

●2人〜5人 ㊔

ⓐ2人バージョン ★★★☆☆

AとBが1メートル前後離れて見つめ合います。Aは、合図をしないまま、前か後ろ、右か左かに一歩動きます。

Bは、Aが動くと感じたら、Aの方向に同時に動きます。Aが前ならBも同時に前、Aが右ならBは同時に左、です（右と左は鏡として考えて逆になります）。

1分間に何回続けて合うか、やってみましょう。

ⓑ3人以上バージョン ★★★★☆

Aの前に2人、BとCが並んで立ちます。Aの動きに2人が合うかやってみましょう。成功したら、Dも入って、1対3でやってみましょうか。何人まで増やせるか。一応、4人も動きがシンクロしたら素晴らしいので、全体の人数を5人にしました。でも、1対2でも、3回ぐらい続けて3人の動きがシンクロしたら素敵です。

8 じゃまな話し合い

●3人 ㊔ ★★☆☆☆

2人で会話をします。もう1人がとにかく、会話のじゃまをします。例えば、2人が好きな映画の話をしているとします。じゃまをする人は、勝手にその話に参加して、話題を自分にひきつけようとします。会話している2人は、お互いの話に集中して、じゃまをしている人の言葉に反応してはいけません。

じゃまをする人は、2人を触ったり、2人の視界を遮断《しゃだん》したりする以外は、何をしてもOKです。

2人は、とにかくお互いの言葉に集中して下さい。

9 竹の子ニョッキ

●6人～15人 複 ★☆☆☆☆

テレビで有名になったゲームです。

円形に立ちます。

まず、全員で「竹の子ニョッキ、ニョッキキッキ～」と声を出します。同時に、両手を合わせて頭の上に突き出しながら、左右に揺れます。竹の子になったイメージです。

テーマ曲（?）が終わったら、誰でもいいので、両手を合わせて、頭の上に突き上げます。細長い三角形を作るイメージですね。この時、最初の人は「いちニョッキ！」と言いながら両手を突き上げます。次の人は「にニョッキ！」です。言った人はそのまま、両手を上げて、竹の子のままでいます。

最終的に最後の人になってしまった人が負けです。（8人なら、一度もニョッキ！を言えないまま、

8番目になった人です）

もちろん、「1カウントゲーム」と同じで、同時にかぶってしまったら、やり直しです。やり直す時は、テーマ曲の「竹の子ニョッキ、ニョッキッキ～」を、かぶった人だけで言います。ただし、左右に揺れながら両手を頭上に突き出す動きは全員がやります。

手軽に集中と解放が味わえるゲームです。

＊僕はロンドンで上演した『トランス』でイギリス人俳優相手に「バンブーシュート、バンブーシュート」と始めて「ワンバンブーシュート！」と楽しく遊びました（笑）。

10 八百屋ゲーム

●6人～10人 複　★☆☆☆☆

円になります。左手を隣の人の近くに、手の平を上にして差し出します。右手は、自分の右側の人の、差し出した左手の平を軽くリズムに合わせて叩きます（童謡《どうよう》遊びの『あんたがたどこさ』で手を叩く要領です）。全員で「や～おや～のお店に並んだ、品物見てごらん、よっく見てごらん、考えてごらん」と歌います。メロディーは、フランスの童謡なのですが、『やおやのおみせ　手遊び歌』でネット検索すると、日本風にアレンジされた動画がたくさん出てきます。とても覚えやすいです。

全員が右手で隣の人の手を叩きながら歌った後、1人目が（誰から始めるか、事前に決めましょう）

「大根」と答えると、全員が「大根」と繰り返します。そして、全員で「や〜おや〜のお店に並んだ」とテーマ曲を歌います。次の人（右隣でも左隣でも）が「大根・人参《にんじん》」と前の人と自分の品物を足します。全員が「大根・人参」と繰り返して、歌を歌います。次の人は、「大根・人参・ピーマン」と足していきます。あとの流れは同じです。

＊やってみると分かりますが、だいたい、6つ前後で分からなくなります。そうなったら、また、分からなくなってトチった人から、新たな品物でやり直しです。解放と集中を繰り返す楽しいゲームです。

11 ささやきレッスン

●3人 複 ★★☆☆☆

本

図31のようにAがBの耳元で小声で文章を読み上げます。なるべく会話が入っているものがいいでしょう。Bの前には向き合っているCがいます。Aは、Cにできるだけ背を向ける形で、Bの耳元でささやき

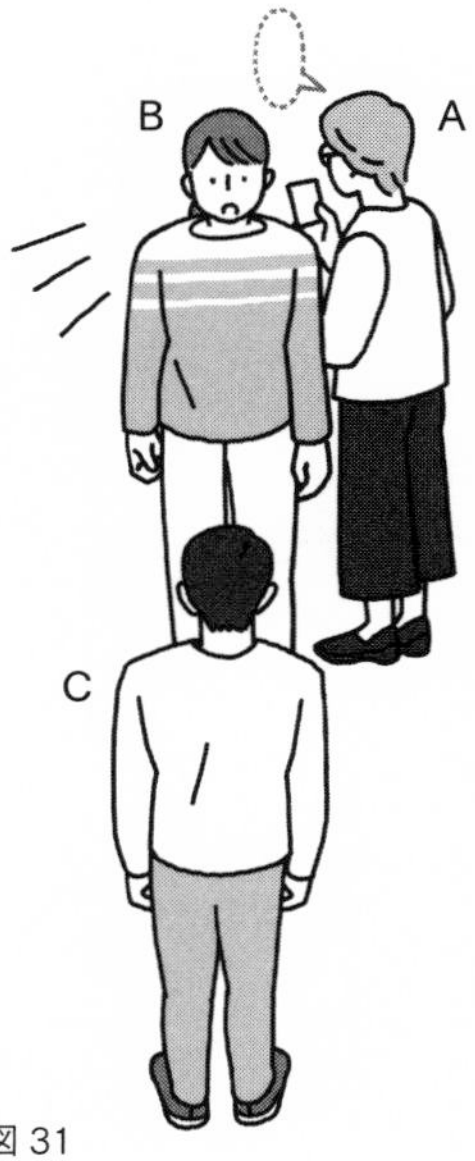

図31

ます。Bは、聞いた言葉をCに届くようにはっきりといいます。必要な表現、感情を感じれば、それもちゃんと伝えます。

役割を交代してやってみましょう。どんな感じがするでしょうか。

12 3人で会話

●3人 複 ★★★☆☆

AにBとCは別々の話題で話しかけます。AはBとC、両方と常に会話します。BとCは、話しかける時にダブってはいけません。交互に話しかけて下さい。

B「最近なんか映画みた?」A「ディズニーの新作を見たよ」C「お腹《なか》すいたね。何か食べにいかない?」A「そうだね」B「どうだった?」A「すごく面白かったよ」C「何が食べたい?」A「ピザかな」

なんて感じです。BとCは、間をあけずに次々と話しかけて下さい。Aは集中して、混乱しないように会話し続けて下さい。ファシリテーターは1分ほどの時間を計って終わらせます。続いて、順番に役割を交代します。

13 だるまさんがころんだ・チームバージョン

●5人〜30人 ★★☆☆☆

部屋の4つの隅《すみ》に同じ人数ずつ分かれて、チームになります。部屋の真ん中に鬼《おに》がいます。

この状態で、全員で「だるまさんがころんだ」をします。鬼は、目を閉じる必要はありません。「だるまさんがころんだ」を言いながら、動いている人がいたら指摘できます。

チーム戦で、それぞれのグループは連帯責任《れんたいせきにん》です。1人でも、動いているところを鬼に見られるとチーム全員がスタートラインに戻ります。無言で鬼に近づいて下さい。

最終的には、チーム全員が鬼にタッチしたら勝ちです。例えば、Aチームが5人だとして、鬼にタッチできた人から抜けていきます。最後の5人目もタッチできたらAチームの勝ちです。ただし、途中で動いているのを鬼に見られたら、タッチして抜けている人も戻ってスタートラインからです。連帯責任の理不尽《りふじん》さ（笑）を味わって下さい。

14 風呂敷レッスン

●2人～8人 複 👁 ★★☆☆☆

✎ 風呂敷など

風呂敷かスカーフ、またはバンダナを用意します。

ファシリテーターがAに後ろを向くように言って、その間に、ファシリテーターは床《ゆか》に置いた風呂敷を好きな形にします。例えば対角線で折って、三角形にしたとします。Aはファシリテーターの

「どうぞ」という声で振り向きます。Aは、三角形に折られた風呂敷を何かに見立てます。例えば、その三角形をそのまま口に当てて、頭の後ろで端を縛《しば》って覆面《ふくめん》のようにして「金を出せ！」と言う、なんてことです。もちろん、手に取らず、床に置いたままで、何かに見立ててもいいです。

Aは、それをやったら、次のBは後ろを向きます。Aはその間に、風呂敷を別の形にして、床に起きます。例えば、丸めて一本の棒のようにする、とかです。Bはそれを見て、何かに見立てます。この繰り返しです。

15 ゲームの規則

●3人～40人 複 ★★☆☆☆

Aが外に出ている間に、残っている人達全員でルールを決めます。

例えば「必ず、話す時に咳払《せきばら》いする」「必ず、話す時に体のどこかを触る」「必ず、色を話の中に入れる」「必ず、嘘をつく」「必ず、話の中に数字をいれる」などなど。

決まったら、Aを呼び戻します。Aは、何回、誰に質問をしてもかまいません。2分間前後、集中して、いろんな人にインタビューを続けてゲームの規則を見抜いて下さい。Aは分かった時点で言って、時間を競うというルールもできます。

Ⅵ 道具を使ったゲーム

ボールを使ったゲーム

この本では、なるべく何も準備しないまま、スペースがあればできるワークショップを集めました。それは、簡単にいつでも始められるようにしたいと思ったからです。ただし、手間になっても、それ以上の効果があると思った時は、例外を作りました。そのひとつがボールです。ボールの大きさは、ドッヂボールぐらいがいいのですが、ドッヂボールよりもうひとつ柔《やわ》らかいボールがあれば素敵です。(ゴムでできた柔らかいタイプが、100円均一のお店や通販で売っています)

大きくて柔らかいボールだと、ボールを扱う難しさが減って、楽しさが増えます。ボールに苦手意識がある人も積極的に参加できるでしょう。目的は、アイスブレイクやウォーミングアップから、感情と身体を育てたり、意識するまでさまざまです。

❶ ネーム・キャッチボール

●6人〜20人　★★☆☆☆

最初は円形になって、相手の名前を呼んでボールを投げます。慣れてきたら、ファシリテーターは、ボールを2個、3個と増やします。それにも慣れてきたら、円形ではなく、ランダムに散らばって、またボール1個から始めます。ボールはつねに下投げにします。

慣れてきたら、全員が常に動くようにします。立ち止まらないで名前を言ってパスを続けます。この状態でもできそうなら、ボールを2個、3個と増やしてみて下さい。

❷ 同じ速度・同じリズム

●6人〜15人 ㊝　★☆☆☆☆

①同じ速度

円形になって、ボールを隣の人に受け渡していきます。同じ速度で止まることなく、スムーズに渡します。チームが複数あったら、一周の速度を競ってもいいでしょう。

②同じリズム

円形になって、誰かに向かってボールを投げます。受け取った人はすぐに別の人に向かって投げます。リズムが崩れてはいけません。常に同じリズムで渡します。

③名前つき

円形になって、同じリズムで投げながら、相手の名前を言います。リズムが崩れないようにして下さい。

3 しりとりキャッチボール

●6人～20人　★★★☆☆

相手の名前ではなく、ボールを投げながらしりとりします。この場合は、ボールは増やさないで、円形でしばらくやります。

続いて、いけそうならランダムに広がります。この時、立ち止まっているバージョンから、常に動くバージョンにいけるかどうか試してみて下さい。

4 連想キャッチボール

●6人～20人　★☆☆☆☆

しりとりではなく、自由な連想でやります。しりとりより、速度が上がるはずです。

5 数足しキャッチボール
●6人〜20人　★★☆☆☆

1人が「2」と言いながら、誰かに投げます。受け取った人は、「2」に「8」をくっつけて「28」と言って次に投げます。受け取った人は、「6」をくっつけて「286」と言って投げます。常に受け取った人は、一桁《けた》の新しい番号を付け加えて、他の人に投げます。どこまでいけるか試してみて下さい。円形バージョンからランダムバージョンを目指すのは他のゲームと同じです。

6 山の手線キャッチボール
●6人〜20人　★★★☆☆

まずは円形に並んだ状態から始めましょう。
ファシリテーターが、例えば「お菓子《かし》！」と言って、円の誰かにボールを投げます。受け取った人は、1秒以内に「シュークリーム」なんて言って、また他の人に投げます。受け取った人は、すぐに別のお菓子を言って投げます。参加者が子供の場合は、円形だけでいいでしょう。（1秒以内が難しいようなら3秒以内にします）
可能なら、全員がランダムに散らばって始めます。さらに、「立ち止まってはいけない」というルールを加えると、頭と体の両方のレッスンになります。

誰かが1秒以内に言えなかった場合は、新たなお題です。言えなかった人が言うのがいいでしょう。子供がうまく言えなかったら、ファシリテーターが助言を。「国の名前」「魚の名前」「マンガのタイトル」「映画のタイトル」「乗り物」など、いろいろ出して下さい。ボールは下投げでやりましょう。

7 ポーズ・キャッチボール

●6人～20人　★★☆☆☆

円形でもランダムでもどちらでもいいです。ボールを受け止める瞬間、スローモーションにします。片手、両手、大げさ、かっこいい、セクシー、ひょうきん、など、いろんな受け止め方を楽しんで下さい。受け止めたら、スローモーションを解除《かいじょ》して、すぐに下手投げにします。

これは、受け止める体を意識し、楽しむレッスンです。

8 復活ドッヂボール

●6人～50人　★☆☆☆☆

ドッヂボールという名前ですが、いつもの柔らかいボールがお勧めです。

全員がランダムに散らばります。Aがボールを持ったとして、誰かに向かって投げます。もし、Bが受け止められずに落としたら、Bはその場所でしゃがみます。転がったボールは、B以外は誰でも拾えますが、ボールを持ったら三歩以上歩けません。バスケと同じですね。Cがボールを拾って、Aに向かって投げて、Aが落としたら、Aはその場でしゃがみますが、同時にAに殺されたBが復活します。つまり、自分を殺した相手を覚えていて、その人がボールを落として死んだら、その人に殺されていた人達が一斉《いっせい》に復活するのです。

最終的に自分以外、全員を殺すのがゴールですが、この状況はなかなか、ありません。ですから、3分とか5分に時間を制限するのがいいでしょう。

＊通常のドッヂボールに比べて、はるかに周りを気にするようになります。コートのあるドッヂボールは、気をつける方向が決まっていますが、この復活ドッヂボールは、どこからボールが飛んでくるか決まってないのです。柔軟《じゅうなん》な意識が求められます。なおかつ、誰に殺されたかを覚える必要から、周りへの関心も高められるゲームです。

9 クラップ・ボール

●6人〜30人　★☆☆☆☆

円になって、ボールを誰かに向かって投げます。その時、全員で1回、手を叩きます。受け止めた人が、またボールを放り投げて、全員で2回、手を叩きます。次に3回、4回と手を叩く回数を増やします。投げたボールを受け止められなかった時は、また1回からやり直しです。何回までできるか試してみましょう。8回ぐらいまでできるでしょうか？

何回叩いたかをはっきりさせるために、全員で声を出すのもいいでしょう。「1、2、3！」と同時に叫んで手を3回叩く、というようなことです。

10 サークルバレーボール

●6人～20人　★☆☆☆☆

柔らかいボールを使います。円になって、全員で落とさないように、トスしたりレシーブしたりし続けます。同じ人が続けてボールに触ることはできません。目指すは100回です。ボールを地面に落とさないようにがんばってみましょう。

11 相手隠しバレーボール

●12人～18人　★★☆☆☆

柔らかいボールを使います。

1チーム、6人～9人ぐらいにします。2チーム対抗でコートに分かれます。コートの広さは、実際のバレーボールより小さくていいでしょう。

ルールは通常のバレーボールと同じですが、ネットの部分にダンボールやベニヤを立てるか、カーテンを垂《た》らすかして、相手側がまったく見えないようにします。ネットの一番上から、地面まで隠します。つまり、相手の姿は足元を含めてまったく見えません。この状態でバレーボールをやってみましょう。

これは特に、ソフトなボールでやって下さい。飛んでくるボールは音だけが手がかりですし、相手の動きや反応もまた、音だけです。どんな感じがするか、楽しんで下さい。

⓬ 膝《ひざ》立ちバレーボール

●12人〜18人　★★☆☆☆

通常のバレーボールより狭いコートを作ります。

全員が膝立ちの姿勢で戦います。決して立ち上がってはいけません。どんな感じになるかやってみましょう（膝が痛くなりそうな人は、膝サポーターをつけて下さい）。

⓭ 風船サークル

●6人〜10人 ㊋複　★☆☆☆☆

ボールではなく、風船を使ったゲームです。５個以上用意しましょう。

全員で手をつないで円になります。ファシリテーターが、風船を円の中心に投げ込みます。落とさないように、全員で手をつないだまま風船を打ち上げます。ファシリテーターは、しばらくしたら、風船を2個、3個、と増やして下さい。最終的には、5個ぐらいまでの風船が床に落ちないままでいられたら素敵です。

円の人達は、風船が増えて、何回か失敗したら、「作戦タイム」を取るようにファシリテーターは促して下さい。どうしたらうまくいくか、相談するのです。数チームあって、時間に余裕があれば、ファシリテーターは、2分とか時間を区切って、お互いのチームのやり方を見るようにするのも面白いです。最終的に5個、風船を入れた場合、どうやっているのか。他のチームのやり方を見てみましょう。

椅子を使ったゲーム

人数分の椅子を用意できない会場もあるでしょう。それでも、椅子はとても使い勝手のよいアイテムです。数個から人数分まで、さまざまな椅子を使うゲームを集めました。

ゲームの目的は、ボールと同じ、アイスブレイクやウォーミングアップから、感情と身体を育てたり、意識するまでさまざまです。

1 椅子取りゲーム
●8人〜40人　★☆☆☆☆

みんなが知っている椅子取りゲームですが、僕が遊ぶのは、「自分に関係のあることしか言ってはいけない」というルールの椅子取りゲームです。

全員が円形に椅子に座ります。真ん中に1人、立ちます。ファシリテーターが見本を見せるのがいいでしょう。もしファシリテーターが、朝食を食べてないとしたら「今日、朝食を食べてない人」と言います。兄がいたら「兄のいる人」と言います。時々、生きるのに疲れていたら「時々、生きるのに疲れる人」と言います。当てはまる人が立ち上がり、別の椅子に移動します。

これはアイスブレイクとしてもとても優れたゲームです。お互いを知ることになります。以前、「最近、失恋した人」と言った人がいて、たった1人が立ち上がって、座る場所を交換しました。お互いの心に何かが交流したようでした。見ていて、しみじみしました。ここまでのビビッドなテーマではなくても、「ラーメンが好きな人」とか「ディズニーランドよりUSJの方が好きな人」なんて、自分のことを言うことで、同じ興味の人が分かるのです。

「演劇的ウォーミングアップ」の項ではなく、ここで紹介するのは、会場に参加者全員の椅子がない場合もあるからです。

2 ガーディアン・エンジェル

●7人～19人（奇数）複 ★☆☆☆☆

参加者が奇数の時にできるゲームです。

15人いるとすると、2チームに分かれます。Aチームが8人、Bチームが7人です。椅子を8脚、円形に並べます。Bチームが椅子に座ります。Bチームは7人ですから、誰も座ってない椅子がひとつ、できます。Aチームが、1人ずつ、椅子の後ろに、両手を腰の後ろに回して立ちます。気取ったガードマンか執事《しつじ》みたいな印象ですね。Aチームの1人は、誰も座ってない椅子の後ろに立ちます。

椅子の後ろに立っているAチームの人達は、守護《しゅご》天使、つまりガーディアン・エンジェルです。座っている人を温かく見守っている天使です。でも、1人（1天使？）だけ、誰も座ってない椅子の後ろに立っている天使がいます。当然、誰かを守りたいので、自分の椅子に来るように誘います。

この天使をKとしますか。Kは、座っているBチームの人達に対して、こっそりとウィンクをします。ウィンクされた人は、素早《すばや》く立ち上がって、Kの椅子に移動します。が、ウィンクされた人を守っていた天使は、人間がいなくなることが嫌なので、タッチしてとめようとします。ウィンクされた人は移動する時に、天使に少しでもタッチされたら、また席に戻らなければいけません。Kは、失敗してもめげないで次々とウィンクして、椅子に来るように誘って下さい。

しばらくやったら、AチームとBチームは交代します。人間が天使に回って、天使が人間になって座ります。ただし、空の椅子を守っていた天使はそのまま、天使を続けます。

天使が手を後ろに回して立つのは、手を自由にしておくと、タッチしやすいように、人間の肩に手を近づける天使が出てくるからです。こうすると、人間はなかなか移動できません。ですから、ガードマンのように後ろに手を回すのです。

3 椅子の橋
●12人～50人 複 ★☆☆☆☆

複数のチームで競うゲームです。

Aチームが6人だとします。7脚の椅子を用意します（このゲームでは、簡単にたためるパイプ椅子は避けた方がよいでしょう）。1、2、3、4、5、6、7、とすると、2から7の椅子の上に立ちます。2の椅子に立っている人は、1の椅子を持ち上げて、3へ渡します。3は素早く4へ、4は5へ、5は6へ、6は7へ渡します。

7は、もらった椅子を前に起きます（前とは、進行方向のことです）。椅子は、2、3、4、5、6、7、1となります。全員、ひとつ、前に進んで3から1までの上に立ちます。3の人は急いで2の椅子を持ち上げて、4へ渡します。以下は同じです。

つまり、椅子をひとつひとつ動かして、ひとつひとつ前に移動しながら、少しずつ、他のチームより速く進んでいくゲームです。もちろん、ゴールを決めておきます。

4 交代鬼《こうたいおに》　ネコとネズミ
●6人～20人　★☆☆☆☆

参加者の人数より2脚少ない椅子を用意します。10人の参加者の場合、8脚の椅子です。椅子は、ランダムに（適当に）置きます。8人が椅子に座りますから、2人、座れないので立ちます。1人がネコで、もう1人がネズミです。ネコとネズミは、なるべく離れます。そこからスタートです。ネズミは、逃げながら、座っている人に向かって「チュウ！」と声をかけます。それはネズミ語で「交代！」という意味です。

「チュウ！」と言われた人は無条件で立ち上がって交代しないといけません。すぐにネコから逃げます。「チュウ！」と言った人は、すぐに椅子に座ります。

逃げている時や立ち上がった時にネコにタッチされたら、役割を交代します。ネコだった人は、すぐに逃げて、座っている人に「チュウ！」と言って座ります。言われた人は、すぐに立ち上がって逃げます。

3分とか5分とかの時間制で楽しむのがいいでしょう。

5 オーガニゼーション・チェア

●10人〜40人　★★★☆☆

人数分の椅子をランダムに置きます。

1人を残して、全員が座ります。この1人をとりあえず鬼と呼びます。鬼が立っていますから、ひとつだけ誰も座ってない椅子ができます。これを、なるべく部屋の端の方に置きます。鬼の目的は、この空いている椅子に座ることで、スタートはこの椅子と反対側の端の方からです（椅子に近いとすぐに座れますからね）。

他の全員は、鬼に空いている椅子に座らせないために、鬼が座ろうとする椅子に先に座ります。ただし、その過程で、鬼の近くに空いている椅子ができたら、鬼は座れます。

つまり、鬼の最初の目的は、遠く離れた椅子ですが、すぐに目標は変わります。鬼が近づくのでAが移動して空いている端の椅子に座ると、Aの椅子が空いたので鬼が方向を変えてその椅子に進み始めます。するとBがAの椅子に座り、Bの椅子が空いたので鬼がそっちに進み始めるとCが座って、Cの椅子が空いたので……という流れです。

ひとつルールがあります。一度、腰を浮かしかけたら必ず移動しなければなりません。Bの椅子が空いたので、移動しようと思ってちょっとお尻を浮かすと、先にCが移動してくれたのでやめる、ということができません。少しでも浮かしたら、必ず、移動です。

鬼は自由に動けると、簡単に椅子に近づけるので、ハンディとして、あらかじめ膝《ひざ》の間にタオルをはさみます。それを落とさないように進みます。鬼が交代したら、次の鬼も、タオルを受け取ってはさみます。

鬼が座った後、次に誰が鬼をやるかはファシリテーターが決めて下さい。鬼が座った椅子にもともと座っていた人が鬼になることが多いです。それが分かりにくい時は、鬼が座る直前に近くで立っていた人とかです。

何回かやっているうちに、どうしたら、長く鬼を座らせないかがだんだんと分かってきます。ファシリテーターは、「どうしたらいいと思う?」と聞いて下さい。

＊例えば、新学期が始まったばかりのクラスや、集まったばかりの集団でこのゲームをやると、鬼はすぐに座れます。が、半年間ぐらい同じ集団で活動した後に、このゲームをやると、鬼が座れない時間が延びていることが多いです。僕が早稲田大学で教えている時は、4月にこのゲームをやって、約1年後の2月の終わりにまたやりました。鬼の座れない時間は確実に長くなっていました。「空いている椅子から遠い人ほど、動けばよい」と大勢が気付き、集団がお互いの連携を考えて組織化されるからです。ですから、このゲームの名前はオーガニゼーション・チェアです。楽しみながら、有機的な組織体の動きを探ってみて下さい。

6 1から9

●8人 複 ★★★☆☆

トランプ、椅子9脚

椅子を図32のように9脚並べます。

1から8までの椅子にそれぞれが適当に座ったあと、ファシリテーターが用意したカードを引きます。1から8までの数字が書いてあります。(トランプがいいでしょう)

椅子にも、番号が振ってあります。例えば、4に座っている人が7のカードを引いたら、なんとかして7の場所にいくことが目標です。つまり、全員が引いたカードの数字と同じ番号の椅子に座ることが目標です。

ただし、横と縦は移動できますが、斜めには行けません。最初、9の椅子が空いているので、動けるのは、4が横に9に行くか、8が縦の9に行くかだけです。全員で相談して、なんとか順番通りの並びを成功させて下さい。時間制がいいでしょう。3分か5分ですね。

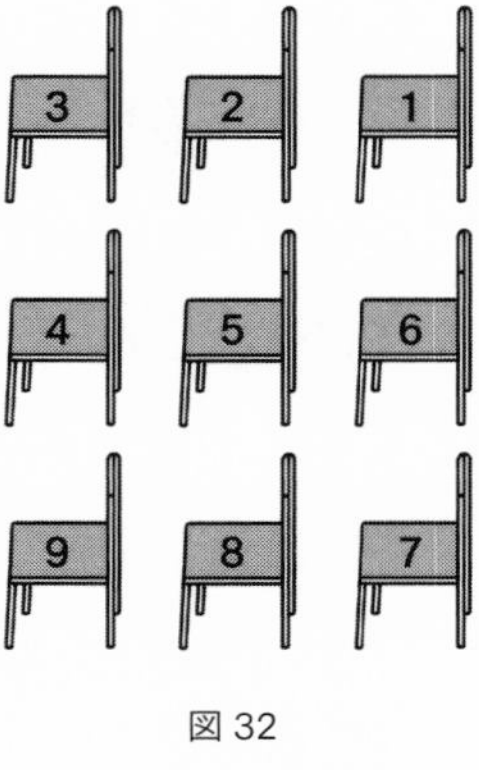

図32

Ⅶ　体で表現するレッスン

体をほぐし、体とうまくつきあえるようになると、次に、体でいろんなことを表現するレベルに進みます。多様な表現ができるようになればなるほど、素敵な体と言えるでしょう。

すべてに通じることですが、「表現」と「癖《くせ》」は違います。155ページの「13クイックポーズレッスン」では、自分の喜ぶポーズが数パターンしかないことに気付くことがあります。それらはすべて「癖」であって「表現」ではありません。癖は、本人には気持ちよく、安心するものです。ですが癖を繰り返しているだけでは、「表現力」は向上しません。癖を自覚し、さまざまな表現を遊ぶことが大切なのです。（詳しくは『表現力のレッスン』参照）

1　ポーズ回し

●7人～30人 ㊜

①単純バージョン　★☆☆☆☆

複数チームに分けるなら、理想は10人前後です。

最初の人があるポーズと声を出します。どんなポーズでもどんな声でもいいです。例えば最初にAが、腰を落とし、手を胸の前でクロスして「ぐわっ!」という声を出したとします。時計回り（右回り）で、隣の人BもCも、続けてそのポーズと声を真似《まね》していきます。自分がやった後、次の人が真似したら、ポーズは解除《かいじょ》します。

そのまま5人が真似をしたとして、6人目のFが、もう5人もやったので別のポーズ、例えば、ボクシングのように構えて「ふふん」と言ったとします。すると順番が逆回りになります。違うポーズをすると、逆回りになるのです。Fの右隣、Gに行かないで、左隣のEに戻って、Eもこのボクシングのようなポーズをします。ここで、Eの左隣のDがまた違うポーズをしたら、また逆回りになって、Eに戻ります。

これが基本ルールです。とにかく、隣の人の真似をする。違うポーズをしたら逆回り。

たまに、右手を上げて「おーい」というポーズをしたアがいて、次のイが左手を上げて「おーい」と言った場合、全員が慣れてなければウが、また右手を上げて「おーい」と言います。が、だんだん慣れてきたら、イはアと違う動きをしたわけですから（左手と右手の違い）、厳密にはウにいかないでまた逆回りでアに戻ります。ファシリテーターは、だんだん参加者が慣れてきたら、細かな違いを指摘してあげましょう。

②物語をつくる　★★★★☆

じつは②は、とても上級のレッスンです。ですが、①を紹介した流れでここに書きますので、うまくいかなくても落ち込む必要はないです。
①のレッスンをしていると、たまに、会話になる時があります。Aが「バコッ」と殴《なぐ》る真似をして、Bが「いてっ！」と受けたりした場合です。逆回りになりますから、Aがそのまま「いてっ！」と受けて、ぐるっと回って、Gが「なんで殴るんだよ」と詰め寄るポーズをしたとします。逆回りですから、Fが真似をします。じつは、このレッスンは、こうやって物語が生まれていく時が一番、面白いのです。
このケースで、F、E、DがGの真似「なんで殴るんだよ」と続けた後、Cが突然、「ぱお〜ん」という声とともに象の鼻を上げる真似をしたとします。面白くなりそうだった雰囲気は一気に消えます。小さな笑いは出るかもしれませんが、始まりそうだった物語が消えます。でも、Dが「なんで殴るんだよ」と言った後、Cが「俺のサイフ、盗んだろう！」と、詰め寄るポーズと共にリアルに言えば物語は続き、Dへと逆回りして面白さはなくなりません。

ただし、リアルな気持ちでポーズとセリフを重ね続けるのは本当に難しいです。冗談《じょうだん》というか、気持ちを無視して続けるのは簡単です。でも、それでは何も面白くならないのです。上級者が集まれば、まるで一本の芝居《しばい》のようなポーズ回しが生まれます。

＊このレッスンの特徴は、「サークル・スイッチ」（83ページ）の時に書いたように、「思いついた人間がやればいい」ということです。Gのセリフに対する言葉とポーズがうまく浮かばなければ、F↓E↓D↓C↓B↓A↓J↓I とただコピーしていけばいいのです。つまりは、思いつくまで

待てるレッスンなのです。

初心者が集まってこの「②物語を作る」をやると、誰も新しいことをやらずに、ずっと同じポーズが回るということが起こります。それは、まだこのレッスンは早かったということです。また、挑戦するのだけれど、うまく物語が生まれず、ただ嘘くさい言葉が続くこともあります。うまくいかないことに焦《あせ》らなくていいです。とても上級のレッスンです。

2 だるまさんがころばない

●5人〜25人
小物

①基本バージョン ★☆☆☆☆

通常の「だるまさんがころんだ」は、この言葉を唱《とな》えてから振り向きます。でも、「だるまさんがころばない」は、唱える必要がありません。いつ振り向いてもオッケーです。

まず、鬼を決めます。鬼は部屋の壁の傍《そば》に立ち、参加者に背を向けます。参加者は、鬼の足元に自分の小物をひとつ置きます。腕時計とかペットボトルとかペンケースとか消しゴムとか携帯とかです。少し離れて、スタートします。鬼はいつ振り向いてもいいので、振り向いて誰かが動いていたら、名前を言って、言われた人はスタートラインまで戻ります。鬼の目をかいくぐり、鬼の足元に置いた自分の小物（スマホやペンなど）を拾い、スタートラインまで戻ったら終了です。

鬼が1人ですから、20人ぐらいの参加者の場合、3～5人戻ったら、終わりにするのがいいでしょう。いつまでもそうならない場合は、5分とか時間を区切って下さい。

小物を持って戻る途中で動いたと指摘された場合は、小物を鬼の足元に戻して、またスタートラインから始めます。

②いろんな人がころばない　★★★☆☆

このレッスンがじつは「体で表現するレッスン」です。①はどちらかというと、集中力のレッスンです。②につながる流れで「集中力のレッスン」ではなく、ここに書きました。

さて、鬼は、「バレリーナが…ころばない！」と叫びます。「…」ひとつ分は、0.5秒ぐらい間を空けるということです。参加者は、瞬間的にバレリーナになって止まります。動いていたり、とてもバレリーナのポーズに見えない人は、またスタートラインに戻ります。自分の小物を鬼の足元に置いて、それを取り戻すルールは一緒です。

「サラリーマンが…ころばない」「お坊さんが…」「寿司職人が…」「プロレスラーが…」「ロックシンガーが…」「ミッキーマウスが…」などなど、色々、ポーズに特徴のある人を言って下さい。

参加者は瞬間的にそのポーズを創ります。もし、鬼が、ある参加者に「とてもロックシンガーに見えない」と言って、参加者が「いいえ、これはロックシンガーです」と堂々と主張したら、参加者全員で多数決を取って下さい（笑）。もちろん、見えないという人が多かった場合は、スタートラインに戻ります。見えるという人が多い場合は、その場所で続けます。

これは、瞬間的なポーズですから、リアルな真似を求めるのは無理でしょう。それよりは、「なんとなく見える」という印象を大切にして下さい。また、職業のリアルな心情というより、楽しい気持ちで真似られているかという視点で見て下さい。

3 ワンポーズ・ワンセリフ
●4人〜25人 👁

①1人バージョン　★★☆☆☆

客席の方向を決めます。人数が多い場合は、半分を観客として、そこに集めます。

舞台に当たる場所の奥（客席から一番遠く）から、前に出てきて、セリフを言いながら、あるポーズを客席の方向に向かってやります。例えば、奥から出てきて、ドアノブをつかんだポーズをして「開けて！」と叫ぶ、なんてことです。

動き続けないで、自分が一番見せたいポーズで止まります劇的なポーズ、さりげないポーズ、日常的なポーズ、非日常のポーズ、なんでもいいでしょう。ただし、必ずセリフと一緒です。

図33

②2人バージョン　★★★☆☆

慣れてきたら、図33のように上手《かみて》と下手《しもて》の二列に分かれます。一列が8人前後が適切です。

上手の列の一番奥を先頭にします。そこにいるAがまず舞台の奥から出てきて、「開けて！」とポーズを作って言ったとします。

下手の列の一番奥、先頭のBが出てきて、それを受けてワンポーズ・ワンセリフをします。例えば、図34のようにAの反対側に回ってドアを押すポーズをして「帰って！」とか、図35のようにAの後ろに回って、ドアの方を向きながら「開けてやれよ！」とか、Aの隣でドアを開けるポーズをして「お隣さん、引っ越しましたよ」なんてことです。

Aは演技が終わったら、下手の列の一番最後に、Bは演技が終わったら、上手の列の一番後ろにつきます。最後列は客席に一番近い側になります。常に上手の列の一番奥の先頭から舞台の正面に出てきてワンポーズ・ワンセリフをします。

上手のAのワンポーズ・ワンセリフを下手のBがうまく受けられると、凝縮した物語が生まれたりします。下手側の人は、先に何をするか考えるのではなく、上手側の人のワン

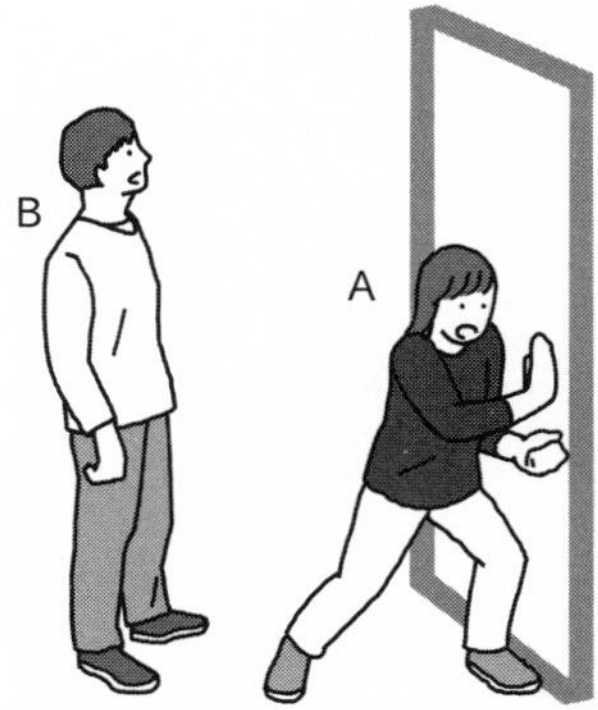

図35

図34

ポーズ・ワンセリフを見て、瞬間的に反応して下さい。

③3人バージョン　★★★☆☆

3人で、「序破急《じょはきゅう》」の物語を創ります。

上手の先頭がまず序。例えばアが、空を指さして「あれはなんだ！」と叫びます。下手の先頭のイが出てきて、同じく空を見上げて「アンパンマンだ！」と叫びます。上手からウが出てきて、スマホをかまえて写真を撮る格好をして「実在したんだ……」とつぶやく、なんてことです。

ワンポーズ・ワンセリフが終わったら、アは下手の、イは上手の、ウは下手の最後列に並びます。つまり、自分がいた列と反対側の列の最後尾につくということです。これは②と同じですね。

続けてやっていくと、やがて、上手が1人になって、下手がとても長くなります。この時点で下手から始めます。

④4人バージョン　★★★☆☆

4人ですから、「起承転結」を表します。

上手のAが、例えば、お腹を抱えて「うっ」と倒れそうなポーズをします。下手から出てきたBが寄り添《そ》って「大丈夫？」とポーズをします。上手から出てきたCがBの反対側でAに寄り添って「飲み過ぎた？」とポーズします。Dが、Aから少し離れた場所で「もう一件行くぞ！」と、みんなを誘うポーズをする、なんてことです。終わったら、反対側の列の最後に行くのは②と同じです。

＊やってみると分かりますが、参加者が一番真剣になるのは、相手のワンポーズ・ワンセリフを見

て、「さあ、なんて返そう」「さあ、どうしよう」と考えている瞬間です。でも、やることが決まって「大丈夫?」と聞く時、真実の感情ではなく、嘘くさい人がいます。なにをやるか真剣に考えた分だけ、〝作った〟セリフの嘘くささが目立つのです。ファシリテーターは、2人バージョンでも3人4人バージョンでも、このことを参加者にそれとなく知らせて下さい。参加者は、「どう返そうか考えている真剣な気持ち」と「いざ演技を始めた時の嘘くさい気持ち」を実感として比べて下さい。

本気の気持ちは伝わります。何をやるか真剣に考える気持ちと同じぐらいの感情が入った、ワンポーズ・ワンセリフを目指すのです。そのためには、『演技と演出のレッスン』で紹介した、スタニスラフスキーの「与えられた状況」と「目的・障害」をイメージする必要があります。短い時間ですから、もちろん完璧にはできませんが、できるだけイメージして、嘘くさくないセリフが言えるようにして下さい。

4 ステイタス・ポーズ・レッスン　人間バージョン

●5人〜15人 (目)

①ステイタス・アップ　★★☆☆☆

Aがステージに当たる部分に立ちます。Bが近づき、ポーズをとって、Aのステイタス(地位・立場)を上げます。

例えば、BがAに向かっておじぎしたポーズをすれば、Aのステイタスは上がります。Aの方がBより偉《えら》く見えるということですね。続いて、CがBのステイタスを上げます（AとBはポーズのまま止まっています）。例えば、Aにおじぎしているの靴をCが磨《みが》くポーズを取れば、Bのステイタスは上がります。さらに、CのステイタスをDが上げます。靴を磨いているCに対して、土下座してもいいし、肩をもんでもいいでしょう。（同じポーズは避《さ》けます）こうやって、Aから10人前後、連続してステイタスを上げていくポーズができると面白いでしょう。

例えば、全員で10人の場合、10人目が9人目のステイタスを上げたら、最初に立っていたAが、最後に全員のポーズを見た後、10人目Jのステイタスを上げて終了です。

②ステイタス・ダウン　★★☆☆☆

今度は、Aが立っていて、BがAのステイタスを落とします。Aを軽蔑《けいべつ》した目で見るとか、Aに「あっかんべー」をするとか、鼻をつまんでAは臭いとアピールするとか、いろいろとあると思います。そのポーズを取ったBのステイタスをCが落とします。以下、①と同じ流れです。

10人前後がポーズを次々と続けられるといいと思います。10番目が終わったら、Aが最後に全員のポーズを見て、自分も最後の人のステイタスを落として終了です。

5 ステイタス・ポーズ・レッスン　ペットボトル編

●5人〜15人 (目) ★★☆☆☆

(鉛筆) ペットボトル

ペットボトルをひとつ、ステージに当たる部分に置きます。Aは、なんらかのポーズでペットボトルのステイタスを上げます。とても高価だったり、貴重だったりするように見えるポーズです。

例えば、「ペットボトルを慎重に抱きかかえて眠る」とか「興奮しながらスマホで撮る」「ペットボトルの横に警備員のように立って周りを警戒する」などです。

Aがポーズを作ったら、それでAは終了です。次にBが出て、ポーズをします。ペットボトルのステイタスを上げるポーズは、じつは、何十種類もあります。いくつできるか、がんばってみて下さい。

＊これは映像向きではなく、とても演劇的なレッスンです。映像では、ペットボトルはペットボトル以上になることはなかなかないです。でも、演劇では、俳優の表現ひとつで、ペットボトルは簡単に〝普通〟のペットボトルではなくなるのです。（詳しくは『表現力のレッスン』を参照）

6 見立てレッスン

●5人〜20人 複 ★★★☆☆

ホウキや椅子

見立《みた》てとは、物を何かのように扱って、まるで別物のように見せることです。

円形に立ちます。例えばホウキを一本用意します。Aから順番にホウキを何かに見立てます。例えば、ギターのように持って「ジャーン！」と声を出します。Bは、ホウキをまたいで「キキ、飛びます！」と言います。ホウキはホウキのままですが、まあ、魔女のホウキになったのでオッケーでしょう。Cは、銃のように構えて、「敵はあと1人」なんて言うのはどうでしょう。

セリフ付きが難しければ、説明だけでもかまいません。Aがポーズをして「ギター」ということです。ただ、演劇的には、感情の入ったセリフ付きが楽しいです。

一回りしたら、今度は、最後の人から逆回りに椅子を使って見立てるのはどうでしょう。ソリになったり、馬になったり、同じ椅子でも美容院の椅子になったり（セリフがちゃんとできていたらオッケーにします）、さまざまなものに見立てて下さい。

7 イメージ粘土《ねんど》レッスン

●5人〜15人 ★★☆☆☆

円形に座ります。

Aがまず、目に見えない粘土をこね始めます。やがて、例えば帽子《ぼうし》を作ります。Aは粘土でできた（イメージの）帽子を被《かぶ》ります。被った後、脱いで隣のBに渡します。Bはそれを一度被った後、また粘土をこね始めます。そして、新たなものを作り始めます。この繰り返しです。

粘土はイメージですから、すっごく大きくなったり小さくなったりできます。

8 身振りをマネトーク

●5人～15人 複　★★★☆☆

半円になって、Aが半円の中心、全員が見える場所に立ちます。

Aは、1分間、最近あったことを、身振り手振りで話します。半円になっている人達は、Aの動きと顔の表情を同時に真似ます。時間がきたら交代です。

なるべく、たくさんの身振り、いろんな表情を無理なく表現して下さい。

9 なりきりウォーク

●8人〜30人　★★☆☆☆

音楽

リズムがはっきりとした軽快な音楽があるといいでしょう。全員がランダムに（バラバラな方向に）歩きます。ファシリテーターが声をかけます。

「ファッションモデルみたいに！」全員がそれぞれ、ファッションモデル風に歩きます。しばらくしたら、次に「陽気なアメリカ人みたいに」「世話好きな田舎のおばさんみたいに」「月面を歩く宇宙飛行士のように」「水中を歩くように」「派手なミュージカルのように」「すごい恥ずかしがり屋さんで」「熱心なオタクみたいに」「妖怪みたいに」「仕事に疲れた人みたいに」「街のキャッチセールスの人みたいに」などなど、声をかけて下さい。リアルに考えるのではなく、あくまでイメージを遊びます。いろんな歩き方ができる体になるということです。

演劇的にもうひとつレベルを上げるとすると、どんな歩き方でも、流れている音楽のリズムに合わせます。ファシリテーターはできそうと思ったら言って下さい。

10 王様は誰だ？

●8人〜30人　★★☆☆☆

全員でランダムに歩きながら、王様を決めます。この人が王様だと思う人の後ろを歩き始めます。ファシリテーターは「王様は1人です。全体で1人に決めて下さい」と声をかけます。だんだんと1人に全員がついていくように導きます。

王様が決まったら、ファシリテーターは「続いて、裏切り者を決めます。これも全体で1人です」と言います。全員、歩きながら裏切り者を決めます。決まったら、ファシリテーターは「最後に道化を決めます。これも全体で1人です」と言います。この人が道化だと思う人の後ろを歩いていき、全員で1人に決めたら、ファシリテーターは「さあ、王様、裏切り者も道化も決まりました。ここで王様、全員に命令を出して下さい」と言います。「命令はなんでもいいです。例えば『全員、カエルになれ』でも『全員、好きな歌を歌え』でも『全員、ジャズダンサーになれ』でもいいです」と言います。

「ただし、裏切り者はその命令に従わず、まったく別の行動を取ります。『カエルになれ』だったら、例えばネコになります。『歌え』だったら踊ります。また、道化は、それぞれの命令をうんと滑稽《こっけい》にやります。大袈裟《おおげさ》に楽しく派手に、です。さあ、王様、命令を出して下さい」

楽しく遊んでみましょう。

11 3枚の写真
●3人～8人 複 ★★★☆☆

チームで相談して、昔話をひとつ選びます。決めた昔話の特徴的なシーンを3つ選びます。動きがはっきりしているとか、ドラマチックなシーンがよいでしょう。チームで協力して、まるで3枚の写真のように表現します。

人数が多い場合は、この作業を同時に複数のチームでやります。例えば、全部で30人いる場合は、5人のチームを6つ作って、他のチームになんの昔話を選んだか分からないようにしながら、3つのシーンを稽古します。参加者が5人とかの場合は、3人チームにして、見る側を2人にするのがよいでしょう。

大人数の時は、1チームごと順番に発表していきます。他のチームの人達は、目をつぶって、Aチームの1枚目の写真（最初のポーズです）が出来上がるのを待ちます。

できたら、Aチームは合図して、他の参加者は目を開けて見ます。Aチームは合図して、また目を閉じてもらい、2枚目の写真を作ります。できたら、合図して目を開けてもらいます。3枚目も同じ手順です。3枚見終わった後、なんの昔話か当てます。

ファシリテーターは、時間を図ってうまく進行させて下さい。相談と稽古で5分～8分。3つの写真の間は、3～5秒ぐらいが素敵です。

⑫ 抽象的ポーズ

●3人〜8人 ㊇ ★★★☆☆

チームで相談して、抽象的な概念をポーズで表します。例えば「空虚《くうきょ》」「絶望《ぜつぼう》」「諦念《ていねん》」「哀切《あいせつ》」「貧乏《びんぼう》」「悔恨《かいこん》」「羨望《せんぼう》」などです。

他のチームが当てられたら勝ちです（3人の場合は、2人で作って1人が当てます）。

⑬ 風景ポーズ

●6人〜15人 ◉ ★★☆☆☆

人数が多い場合は、何チームかに分けます。1チームは10人前後が最適でしょう。

ファシリテーターはテーマを決めます。まずは、「コンビニの風景」にしましょうか。9人のチームの場合、1人ずつ順番にステージにした場所に出てきて、コンビニの風景をポーズで表します。動かないでポーズだけです。セリフも必要ありません。

続いて残りの8人も、順番に出てきてポーズをします。全員、去らないでそのままポーズを続けます。つまり、9人で「コンビニの風景」を創り上げるわけです。残りのチームは観客として、「コンビニの風景」を楽しんで下さい。

他には「夏のビーチの風景」「居酒屋の風景」「図書館の風景」などが楽しいでしょう。

＊簡単そうに感じるかもしれませんが、じつは、表現と演技にとって大切なことを教えてくれるレッスンです。
例えば、１人目が、観客がいる側を向いて、商品のスキャナーを持ったポーズをしたとします。その瞬間に、コンビニの位置関係が決まります。レジに並ぶ人達は、みんな、観客にお尻を向けてならぶ配置になります。また、１人目が棚から商品を取るポーズをした場合、棚は縦に並んでいるのか横なのか、斜めなのか、よく分からないまま、次の人は続けなければいけなくなります。

このレッスンは、前半、３人ぐらいまでは、「コンビニの規模と位置関係をはっきりさせる」目的でポーズをする必要があります。それができて、やっと全体が進むのです。でも、それ以降は、棚から商品を取るとか立ち読みしているだけでは、悪くはありませんが、あまり面白くはありません。５人目が立ち読みのポーズをしているとして、６人目がその本を親しげに覗《のぞ》き込むだけでも、なにかしらのドラマが生まれます。また、無理に面白くしようとして、万引きをするポーズの人も出てきます。気持ちは分かりますが、わざとらしくて、万引きの演技をアピールしているようで、面白くなることは少ないです。

吉本新喜劇の名優、池乃《いけの》めだかさんが興味深いことを話してくれました。「昔は、警官役が２人いたら、最初の人間がちゃんと職務質問とかして警官らしくふるまった後、２人目が突然銃をぶっ放すから観客は笑ったんです。でも、今は、警官役が２人いると、最初の奴がいきなり銃をぶっ放すんです。そうすると、警官のコスプレした、ただの頭のおかしい奴で全然、面白くないんですよね」

観客は、2人目の銃をぶっ放す俳優に注目しがちです。でも、本当は1人目の「ちゃんと警官であるという雰囲気」を創る人も同じぐらい重要なのです。

このレッスンを9人でやるとすると、最初の3人は「規模と位置関係を明確にする」役割、次の3人が「よく見る風景を創る」役割、そして最後の3人が「ドラマを立ち上げる」役割といえるでしょう。おお、「序破急」ですね。さあ、どんなドラマがあるでしょう。

14 マジック・スペース
●1人〜10人 ◉

椅子で四角形を作ります（図36）。一辺の長さが2〜3メートル（そもそもの部屋の大きさにもよりますが）でしょうか。

ただし、完全に囲うのではなく、2カ所ほど、隙間を作ります。どこに作ってもいいのですが、お勧めは四角形の向かい合った縦（客席側から見て）の辺に1カ所ずつです。これが、四角形の空間に対する入口や出口になります。

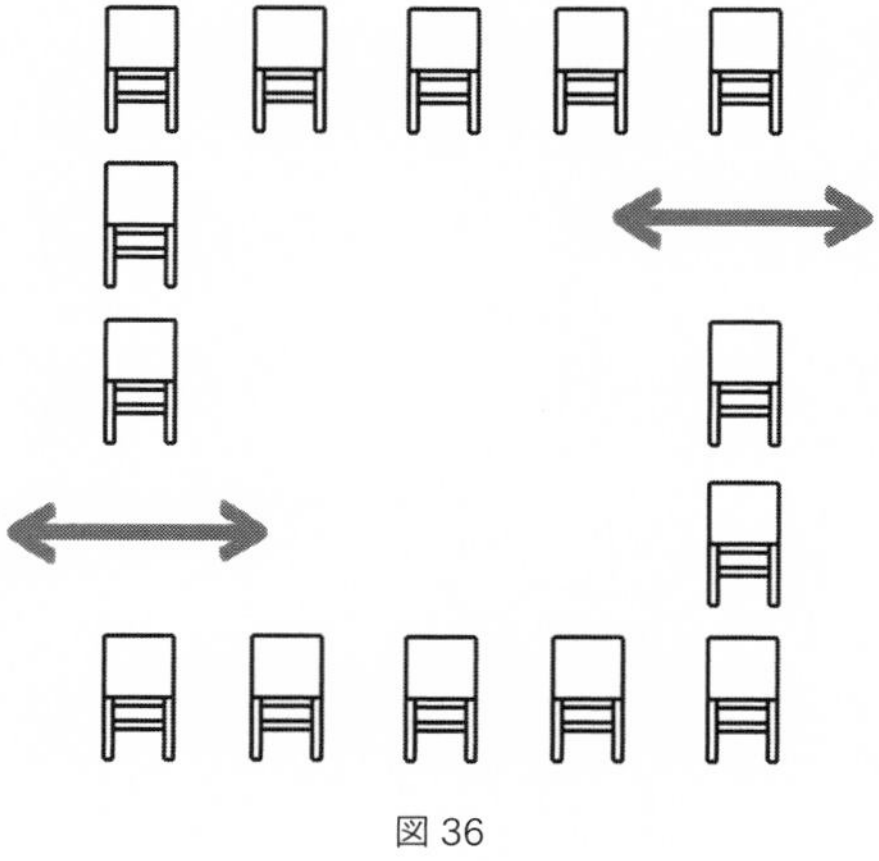
図36

ファシリテーターは、「この空間を『マジック・スペース』と呼びます。この空間の中では、何でもできるような気がするし、自由を感じます」と説明します。

①1人ずつ感じてみる ★★☆☆☆

まずは、1人ずつ、外側の空間から、マジック・スペースに入ってみます。外側のオフから、内側のオンに入る瞬間をはっきりと意識します。中では、深呼吸したり、ゆっくり歩いたり、周りを見回したりします。そして、マジック・スペースから出ます。

ファシリテーターは「どんな感じがしましたか？」と聞いて下さい。本人の感想と共に、他の参加者がいたら、その人達の見た感想も聞いて下さい。

②空間を歩く ★★★☆☆

次にファシリテーターは「さあ、この中は夏の浜辺です。歩いてみましょう」と言います。1人ずつ、四角の中に入った瞬間から、浜辺を歩きます。砂が熱くて、どんな感じがして、太陽がどこにあって、風がどこから吹いてきて、どんな音がしているかを感じながら、出口に進みます。出口を出たら終了です。

「この中は、ぬかるんだ泥道です」「この中はジャングルです」「この中は海の底です」「この中は真っ暗闇です」「この中は砂漠です」「この中は吹雪です」「この中は激しい雨です」「この中は真夏の都会です」などなど、ファシリテーターはいろんな条件を出して下さい。

自分はどう感じるか、他の人はどう見えるか、何かを感じるか。マジック・スペースを充分に味わって下さい。

＊これは、表現することと、演技することのオンとオフが明確に見える優れたレッスンです。マジック・スペースに入る前に真剣だった人が、マジック・スペースに入った瞬間に、嘘くさい表現をすることがあります。マジック・スペースを出た瞬間、心からホッとする人もいます。入る前の真剣な表情、出た瞬間のホッとした表情。どちらもリアルです。なのに、マジック・スペースの中での表現は、形だけのとても嘘くさいものになることが多いです。その違いも確認してみましょう。

15 イエス、レッツ

●6人〜20人 複 ★★☆☆☆

全員がランダムに歩きながら、例えばAが「ねえねえ」と始めて、他の人達は「なになに？」と一斉に返します。Aは、「プロレスラーになろう」と言い、他の人達は「うん。プロレスラーになろう！」と応えながら、Aを含めた全員がそれぞれに素早《すばや》くプロレスラーになって動きます。今度はBが「ねえねえ」とまた始め、他の人達がまた「なになに？」と返し、Bは例えば「関西のお笑い芸人になろう」と言います。他の人達はすぐに「うん。関西のお笑い芸人になろう」と言って、全員が自分のイメージする関西お笑い芸人になります。この繰り返しです。盛り上がった場を「ねえねえ！」で切り換えるのです。

「バレリーナ」「ダンサー」「ラッパー」「酔っぱらい」「妊婦」「年寄り」など、いろんな人を楽しみながら表現して下さい。「○○になろう」がなかなか出ない時は、ファシリテーターが提案します。じっくり考えて作るのではなく、とにかく次々といろんな表現を楽しむレッスンです。

16 8カウントゲーム

●4人（4n）👁 ★★☆☆☆

音楽

4人で1チームです。

リズムのきいた曲に合わせて、時計回りに歩きます。テンポは早すぎず、遅すぎず、メトロノームで言うと110ぐらいです。

8カウント、リズムに乗って歩いたら、ファシリテーターは8カウントの終わりで設定を叫びます。例えば「台風」「プールサイド」「坂道」「コンビニ」「夏の浜辺」「大雨」「暑い日」「雪の日」「夜の墓場」「夏のグラウンド」などなど。

4人は協力して、設定のポーズを8カウントやります。完成しても完成しなくても、うまくいってもいかなくても、協力できてもできなくても、8カウント過ぎたら、解除して歩き始めます。

これは、表現をする時に悩みすぎる人達に対するレッスンです。うまくいこうがいくまいが、とにかく、8カウントの中で設定を作って、終わる。悩んでいる暇はありません。（そもそも、8カウントでつくるのはかなり無理があります。また、曲のリズムが速い時は8×2、8カウントを2回にして下さい）

参加人数が多い場合は、3チームぐらいが同時にやって、他のチームが見るとよいでしょう。どんな風景が現れるのか、楽しんでみましょう。

17 その動きは何？

●6人〜20人 👁 ★★★☆☆
音楽

軽快な音楽を流します。参加者は、いろんな形、いろんな動きをしながら歩きます。ファシリテーターは突然、音楽を止めて、「フリーズ！」と叫びます（「フリーズ」が伝わりにくければ「ストップ」でもいいです）。全員がそれぞれ、いろんな形で止まります。ファシリテーターは「その動きは何？」と次々に聞いて、聞かれた人はその動きを正当化します。

例えばAは両手を上げて止まっていたら、「強盗にあってホールドアップしている」とか「遠くの友達に合図を送っている」「選挙で当選してバンザイしている」などと理由をつけるのです。ファシリテーターは全員に聞いたら、また音楽をかけて続けます。

他の人と同じことを言ってもOKのバージョンと、他の人と被《かぶ》ってはいけないバージョンがあります。ファシリテーターは選んで下さい。また、正当化する時に、微妙にポーズを修正してもかまいません。両手を上げているポーズで、「ホールドアップ」と「選挙当選バンザイ」だと微妙に違うでしょう。それを直すのです。

⑱ 体会話レッスン

●6人〜40人

①ウォーミングアップ　★☆☆☆

まず、全員がランダムに歩き回ります。すれ違う時に「目を合わさないように」とファシリテーターは言います。

しばらく歩いたら、今度は、「目を合わせて、目で挨拶《あいさつ》して下さい」と言います。しばらく歩いたら、「目が合った人とは、お辞儀して下さい」と言います。次は、「目が合った人と片手でハイタッチして下さい」、その次は「目が合った人と両手でハイタッチ」、次が「目が合った人と握手」です。またしばらく歩いたら、「目が合った人と陽気なアメリカ人みたいにハグして下さい」と言います（思春期の若者で、拒否反応があるならやらなくていいです）。またしばらく歩いたら、「目が合った人とお互いの体調を話し合って下さい」です。ファシリテーターは、一定時間（30秒〜1分間ほどでしょうか）話したなと思ったら、「それでは相手に別れを告げてバラバラに歩いて下さい」と言います。この「相手と立ち話する」というのを数人、続けます。ここまでを5分前後で終わらせます。

②体会話レッスン　★★★☆

いよいよ、「体会話レッスン」の始まりです。

ファシリテーターは、「出会った人と、指だけで話して下さい。話してはいけませんよ」と言います。「お互いの目は見ません。あなたは、『指星《ゆびぼし》』から来た『指星人《ゆびせいじん》』です。指だけで、相手の体調を聞いて下さい」と言います。しばらく指だけで会話したら「それでは指で別れを告げて下さい」とファシリテーターは言います。そのままランダムに歩いた後、すぐに、「あなたは、『顔星《かおぼし》』から来た『顔星人《かおせいじん》』です。顔だけで会話して、相手の体調を聞いて下さい。眉毛、目、口、舌、鼻、体のあらゆるパーツを使って会話して下さい」と言います。

以下、同じように肘《ひじ》だけで会話する「肘星人」、腰だけで会話する「腰星人」、膝《ひざ》だけで会話する「膝星人」、足先だけで会話する「足先星人」などで、会話を楽しんでみて下さい。どんなことを感じ、どんなことを受け取りましたか？

19 マイムしりとり

●6人～15人 複　★★☆☆☆

円形に立ちます。マイムでしりとりをします（マイムとは、何も持たず、すべてあるつもりでする動きです）。最初の人が、自分がやるものの文字数を指で示した後、マイムを始めます。例えば、指を2本示して、ネコの真似をします。隣の人は、それを見て、指を3本出してコアラの真似をします。

人数が多い場合は、1チーム、5人～10人ぐらいにして、時間を計ってチーム同士で何個できたか競います。

ファシリテーターは、ちゃんとしりとりになっているか、楽しく確認して下さい。

20 ワンポーズ・レッスン

●5人〜15人 ◉ ★★☆☆☆

円形に立ちます。1人が真ん中に出て、あるポーズをします。なんでもいいです。片手をまっすぐ上に上げたポーズにしましょうか。それに対して、誰でもいいので、セリフを充《あ》てます。例えば「宿題、忘れました」とか「おーい、ここ! ここ!」とか。浮かぶだけ、周りは言います。最後に、ポーズをした人が一番気に入ったセリフを自分で言っておしまいです。

次の人に代わります。なかなかセリフが出ない時は、ファシリテーターはちょっと無理をした感じでもいいので言ってみて下さい。

21 連続ポーズ

●5人〜15人 ㊜ ★★★☆☆

円形に立ちます。Aが円の真ん中に出て、あるポーズを取ってセリフを言います。次にBが出てきて、Aのポーズと合わせる形でポーズをして、セリフを言います。Aの世界と関係のないものにして下さい。例えば、Aがバンザイをして「合格だ!」と叫んだとしたら、BはAの背中に回って、ナイフを突きつけるポーズをして、「金を出せ」と言う、なんてことです。

ポーズとセリフが終わったら、Aは去って円に戻ります。次にCが出てきて、Bのポーズに足す形でポーズをして、セリフを言います。

22 加速と減速

●1人〜20人 複 👁

①減速と加速　★☆☆☆☆

素早く走り出して、だんだんとゆっくりと減速して止まる、を何回かやります。次にゆっくり走り始めて、加速していきなり止まるのも何回かやります。1人でやっても、数人で同時にやってもかまいません。

②言い出しバージョン　★★☆☆☆

慣れてきたら、一言言ってから走り出します。まずは走り出して減速するバージョン。「待って！」や「止まれ！」「おい！」なんてことです。ゆっくり動き出す加速バージョンもやりましょう。「どこ行くの？」「ちょっと、ちょっと」「なんで無視するの？」なんてことです。複数の場合、全員で同時にやってもいいし、一人ずつ順番にやってもいいです。みんなでワイワイやった方がいいか、一人ずつ見ていった方がいいか、どちらもあると思います。

③言い終わりバージョン　★★★☆☆

慣れてきたら、止まる時も一言言います。減速バージョンなら、「待って！」で走り出して、「あ、人違いか」で止まるなんてことです。加速バージョンなら、「どこ行くの？」でゆっくり走り出し、加速して「行くなよ!」で、止まるなんてことです。

体の動きとセリフ、感情をうまく一致させてみましょう。

23 変化する動き

●8人〜20人　★★★★☆

円形に立ちます。

真ん中にAが出て、ある動きをします。例えば、オーケストラを指揮する動きです。両手で華麗《かれい》に指揮します。Bが出てきて、Aの横に立ってその真似をします。しばらく真似したら、Aは去って円にもどります。Bは、指揮する動きからゆっくりと変化させていきます。

Bが無理なく、例えば壁にペンキを塗《ぬ》る動きになったとします。するとCが出てきて、その動きを横で真似した後、Bが去り、Cはゆっくりと変化させます。

この繰り返しです。頭で考えて変化させるのではなく、体に任せて自然に変化させます。ファシリテーターは、急に動きを変えた場合は、優しく指摘して下さい。

24 関節動きレッスン

●1人 複

①すべての関節 ★★☆☆☆

すべての関節をコキコキと、意識して使ってみましょう。

まずは、指です。指のあらゆる箇所の関節を曲げたり伸ばしたりします。次は手首です。指の関節を動かしながら、手首の関節もコキコキと曲げて下さい。続いて「指＋手首＋肘《ひじ》」。続いて「指＋手首＋肘＋肩」です。イメージできますか？

つまり、指と手首と肘と肩のすべての関節をコキコキと曲げたり伸ばしたりしながら、動いてみる、ということです。肩は上下、前後の動きですね。続いて「首」を足します。さらに、「胸」。さらに「腰」（腰の悪い人は気をつけて）。さらに「股関節《こかんせつ》」さらに「膝《ひざ》」、そして「足首」の関節です。

これで、体全体の主な関節を全部コキコキすることになります。他の人のを見ると、壊れたロボットか変な人に見えますが、それでいいです。とにかく、普段《ふだん》、動かしたことのないあらゆる関節を同時に動かしましょう。

②時間を区切る ★★☆☆☆

動く時間を4つに区切ります。

4分の4拍子の楽譜で書くと以下のようになります。

a　4分音符が4つ（図37）

b　全音符がひとつ（図38）

c　8分音符が8つ（図39）

d　全体符がひとつ（図40）です。

図37

図38
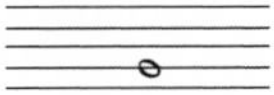

図39

図40
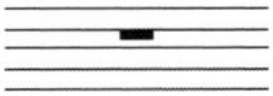

aの4分音符の場合は、「タン、タン、タン、タン」という動きになります。bの全音符の場合は、「ターーー」と、同じ動きをひっぱります。スローモーションに近いイメージです。cの8分音符は「タタタタタタタ、タタタタタタタタ」と細かく動きます。dの全休符は、動きません。止まっていますが休憩ではありません。145ページ「エネルギーに溢《あふ》れて静止する体」の静止するポーズです。エネルギーに満ちています。

この4つのリズムをランダムに繰り返して、しばらくすべての関節をコキコキと動かして（止まって）みて下さい。

③2人バージョン★★★★☆

2人の間に例えばペットボトルとか、どちらかのシューズとか、何かを置きます。（奇数なら3人でもOKです）それが、宝物という設定です。

2人は少し離れた所から、交互に動きながら、宝物に近づきます。なるべく多くの関節を動かします。動くリズムは、1回につき、1つのリズムを選びます。

例えば、Aは最初にcの「タタタタタタタ、タタタタタタタタ」という速度で宝物に近づいたら、そのままポーズを取って止まります。次にBがbの「ターーー」というスローモーションっぽい動きで近づいて止まります。交互の繰り返しです。自分が動いたら、そのままのポーズで止まって、相手の動きを見ます。どちらかが先に宝物を奪うけれど、片方が追いかける、または同時に奪おうとしてバトルするなんて展開になるでしょう。

ひとつでも、「お、こういう動きと速度、ありじゃないか」と発見できたら素敵です。発見がなくても、自分が普段したことのない動きをして、自分のいつもの動きを揺さぶってみましょう。

25 フィッシュ

●6人～15人 👁 ★★★★☆

これは特に見ることに意味のあるレッスンです。やっている人間の2倍の人が見てもいいでしょう。図41のようにひとかたまりになって部屋の隅《すみ》に立ちます。イメージは、海の中の小魚の集団です。小学校の時の教科書で『スイミー』を知っている人もいるでしょう。

部屋の隅に立てば、進める方向は三つになります。長方形の部屋だとしたら、四角左上の頂点をA、その下をB、右上の頂点をC、その下をDとします。たとえば、Aに立てば、進めるのは、真っ直ぐ横のC方向か、縦（下）のB方向、または、対角線のD方向の三つとします（図42）。

どの方向でもかまいませんが、かたまりになった集団の1人アが、例えばB方向に向かって、「理由付け（動機付け）」をして進みます。「理由付け」とは、例えば、「サッカーのボールを蹴る真似をして進む」とか「チラシを配りながら進む」とか「歩いている女性をナンパしながら進む」とか「犬

図41

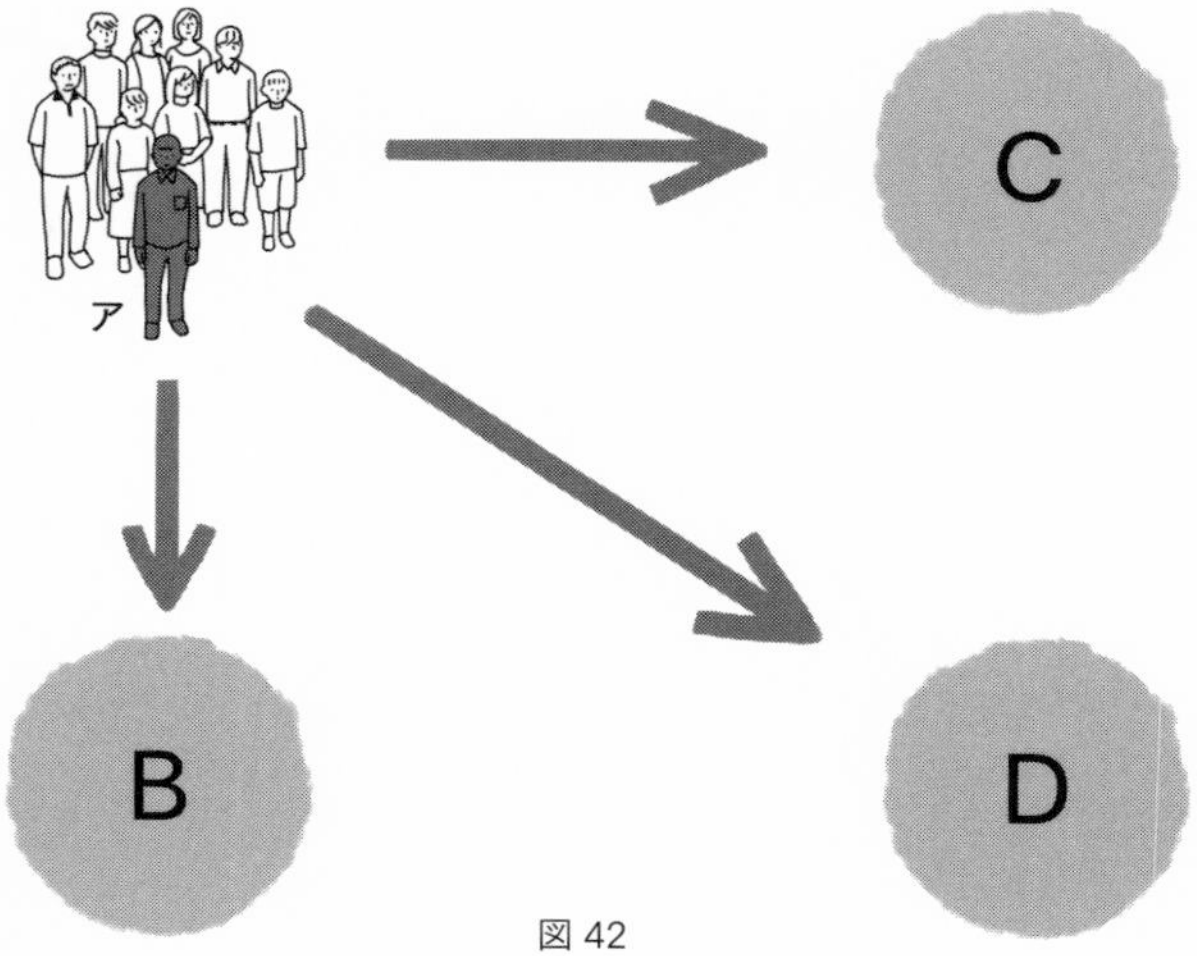

図 42

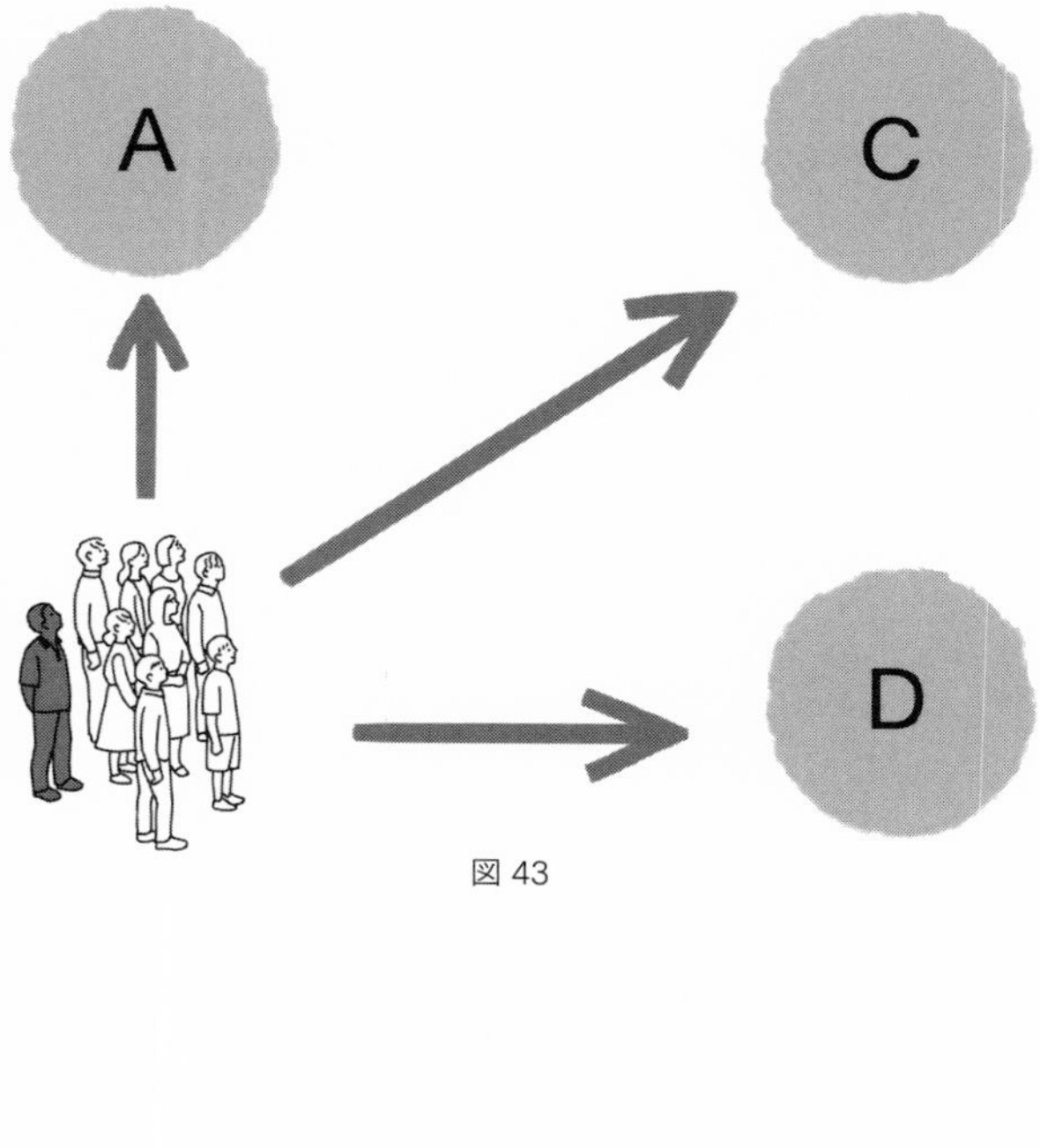

図 43

になって進む」とか、なんでもいいです。動きと一緒に声も出します。アが「理由付け」をして進み始めたら、他の人は、その理由を理解した場合は、自分なりの表現をしながらアに続いて進みます。「理由付け」を始めた人の動きを真似するのではありません。

例えば、アが「お化け屋敷の中を歩いている人」という「理由付け」でB地点に進み始めたとします。まず、「お化け屋敷」だと分かるためには、アはそれなりに声を出す必要があります。「ちょ、ちょっと待って」とか「怖いの苦手なんだ」とか「だからいやって言ったの！」などでしょうか。かたまりになっている他の人は、「お化け屋敷なんだ」と分かったら、すぐに自分なりの表現をしながら、B地点まで進みます。この時、他の人と協力しません（他人と協力すると、とても楽にできてしまうからです。ですから、参加者が自分だけでやるというレベルに達してない場合は、協力してもOKです）。そのまま、全員がお化け屋敷の中でいろんな声を出して怯《おび》えながら（または人によっては全然平気で楽しみながら）B地点までたどり着きます。

最初に始めたアは、B地点に着いたらすぐに、三つの方向の可能性のうち、いずれかの方向を向きます。つまり、縦（上）のA方向か、対角線のC方向か、横のD方向です。後から始めた人は、まとめてごちゃっとB地点にたどり着くはずです。その時、もし、最初に始めたアがC方向を向いていたら、他の全員もC方向を向きます（図43）。すると、小魚の集団のようにごちゃっとしたかたまりの中で、C方向に対して、前列、中列、後列というなんとなくの順番ができると思います。

次にC地点まで進める権利があるのは、この中で前列に立っている人達です。前列であれば、誰でもかまいません。もし前列に3人いて、しばらく待っても誰も始めない場合は、中列の人が前列の間とです。

をすり抜けて始めてもかまいません。あくまで、前列の人が次を始める優先的な権利があるというこ

次の人（イとしましょうか）が何かを始めながらC地点に進み始めたとしても、後ろの人達はイが何をしているか分からない時は、無理に進む必要はありません。それは、イが適切な表現や充分な情報を与えてないということです。例えば、何かを押しながら歩いている表現だけでは何のことか分かりません。「晩ごはん、どうしようかな」とか「豚肉が特売か」と言えば、スーパーのカートを押しているんだと分かります。念のためですが、情報を伝えようと思っても、「夕食のために、スーパーのカートを押して、おかずを買おう」なんて説明的な言葉は言わないように。「説明的な言葉」かどうかは、普段、自分が口にするかどうか、ぶつぶつ言ってみればだいたい分かります。

10人ぐらいが「夕食のためにスーパーのカートを押す」という表現をすると、わくわくしながら食品を見ている人、ダルそうに見ている人、あれもこれも欲しそうに見ている人、すっごく悩みながら見ている人、などいろいろ現れるでしょう（というか、いろいろ現れる参加者でありたいです）。

見る側に回っている人達は、誰がリアルか、誰が派手だけど嘘くさいか、誰が目を引くか、誰がわくわくするのか、観察しながら、それは何故か考えて下さい。

＊これは、とても高度な練習方法です。じつは、フィッシュで「物語を作る」ということも、参加者の力量が高いとできます。次々に前の人の理由を受けて、物語を発展させていくのです。やがて、参加者の力量が上がったら、挑戦してみるのもいいと思います。

Ⅷ　物語を生きるレッスン

初級編

「物語を生きる」のは、作家になるためではありません。生きることとは、じつはさまざまな物語を生きることとです。私達は、親の前、子供の前、家庭、仕事場、学校、友達の前で「さまざまな自分」を演じながら生きています。親（子供）に対する言葉遣《づか》いと友達（恋人）に対する言葉遣いが同じ人はまずいないでしょう。

人間は演じる存在です。

日々のいろんな物語を生きながら、私達は人生という大きな物語も生きています。いつもの物語を繰り返す生き方もあれば、予想外の物語に飛び込む生き方もあります。ほんの少しだけいつもと違う物語を選んだり、選ばざるをえないような状況に追い込まれることもあります。

ですから、実際の人生の前に、いろんな物語を生きて予行演習してみましょう。予行練習ですから、何度失敗しても大丈夫です。楽しく、堂々とチャレンジしてみましょう。これは、自分の実際の人生をうんと素敵に魅力的に演じるためのレッスンです。

1 密室のキャラクター
●6人〜12人 👁 ★★★☆☆
指示カード

ファシリテーターは最初に例えば「みなさんは、バイトの募集で集まった人達です。ですが、ここに集合と連絡があっただけで、何も起こりません。もう30分ぐらいたっています。さあ、どうしますか?」と設定を伝えます。

1分ぐらい、参加者の自由にします。話し始める人もいれば、困ってしまう人もいるでしょう。

ファシリテーターは1分ぐらいたったところで、参加者一人一人に指示するカードを配り始めます。それは、例えば——「常に何かを提案する」「常に相手の言ってることを否定する」「常に対立する意見の中間を取ろうとする」「常に他人の意見に賛成する」「常に発言を途中でやめる」「常に動き回る」「常に議論を強引にまとめようとする」「常に誰かの意見に割って入って話し始める」「常に議論と関係ないことを言い出す」「常に自分のことを話し始める」「常にどんな人の意見にも激しく感動してほめる」「常にうまくいかないことを誰かのせいにする」「絶対に相手の目を見ない」などの指示が書かれています。渡された人は、その通りにするようにファシリテーターは言います。

他の設定としては、「雪の山荘《さんそう》に閉じ込められた旅行グループ」「旅行の予定を決めようとするグループ」「公演の演目を決めようとする劇団」「文化祭の出し物を決めようとするクラス」などです。

紙を渡される前と後で、集団の様子ががらりと変わることに驚くでしょう。紙の指示ひとつで物語は劇的に変わるのです。

2 アイウエオ物語

●6人～15人 複 ★★★☆☆

円になります。最初の人が〝あ〟から始まる一文を言います。ファシリテーターが始める方が分かりやすいでしょう。

例えば「あさ、起きてみると隣にクマが寝ていた」。次の人は〝い〟から始めます。「いきなりのことなので、ものすごくびっくりした」。次の人は〝う〟ですね。「うわー！　と思わず声が出た」なんて続けます。最後、〝を〟まで行ってみましょう。

荒唐無稽《こうとうむけい》で大丈夫。ファシリテーターは「ファンタジーでかまいません」と言いましょう。実際に起こるかどうかは関係ありません。あと、物語を作る時は、基本的に過去形です。小説をよく読んでいる人は分かると思います。

＊物語を作り始めると、すぐに分かりますが、相手の提案を拒否していては物語は進みません。

〝あ〟で「朝起きたらお金持ちになっていました」と始まっても、〝い〟で「いえ、それは夢でした」と否定したら、一瞬、皮肉《ひにく》な笑いが生まれるかもしれませんが、何も始まりません。物語を作るためには、相手の提案を一度受け入れ、そして、次に進む「イエス、アンド」のスタンスが必要なのです。

3 イエス、アンド
●5人〜10人 複 ★★★☆☆

「2アイウエオ物語」で解説した「イエス、アンド」を実感するレッスンです。

円形になります。立っても座っていてもいいです。AがDを指さして「ディズニーランドに行こうか？」と言います。Dはすぐに「いいですねえ。シーにも行きましょう」と「イエス、アンド」の形で答えます。すぐにDは、話題を変えて例えばFに「空を飛べるんでしょう？」と言います。Fは「はい。激しい恋をすると、すぐに空を飛びます」と答えます。すぐにFは他の人に向かって……、の繰り返しです。

難しく考えることはありません。「食事に行こうか？」「いいね。中華にしない？」とか「休みたいね」「いいね、コーヒーブレイクしようか」なんてことです。

どんな提案を受けても「イエス」と肯定《こうてい》して、「アンド」と続けます。決して否定しません。人生の生き方を学ぶレッスンでもあります。

4 キャラクター・インタビュー

●3人〜8人 複 👁 ★★★☆☆

有名なおとぎ話や昔話のキャラクターをひとつ選びます。例えばシンデレラにしましょうか。他の人は、記者会見のインタビュアーです。どんどん質問しましょう。「王子様を初めて見た時はどう思いましたか?」「ガラスの靴が脱げた時は、どう思いましたか?」「継母《ままはは》のことはどう思っていますか?」予想外の質問がきたら、その場で誠実に考えて答えます。あなたはシンデレラになるのです。

＊これは、「I 演劇ワークショップについて」で書いたエンパシー(empathy)を育てるための重要な訓練です。「桃太郎」や「白雪姫」などメジャーな人をインタビューしたら、今度は、「シンデレラの継母」とか「桃太郎に出てくる犬」なんかにぜひ、聞いてみて下さい。犬に対して「どうして、きび団子一個で、死ぬかもしれないリスクがある鬼退治《おにたいじ》に参加したんですか?」……さあ、犬になったあなたはなんて答えるでしょうか?

エンパシーは、「共感力」と訳されることがありますが、相手に共感する必要はありません。継母に共感する必要はないのです。ただ、継母の立場に立てる能力です。

5 キャラクター・スピーチ

●2人 複 👁 ★★★★☆

例えば、「シンデレラと桃太郎」が対談します。それぞれの、どの時期の自分にするか決めて下さい。例えば、シンデレラは「ガラスの靴をお城に忘れた次の日」で、桃太郎は、「いよいよ、鬼ヶ島に行く当日」なんて具合です。もちろん、物語の最後「王子様と結婚したシンデレラ」と「鬼退治をして帰ってきた桃太郎」でもいいです。お互いに質問して、お互いに自分の事情を語りましょう。相手のことを全く知らないバージョンとなんとなく知っているバージョン、どちらも面白いです。

20人いたら、それぞれが自分のキャラクターを選び、それぞれのペアで始めることもできます。最初にファシリテーターと誰かの例を見せると、みんな、簡単に理解するでしょう。

6 1人2役スピーチ

●1人 複 👁 ★★★★☆

状況を決めて、1人で2役をやります。なるべく対立する状況を選んで下さい。よくあるのは、「勉強しろとうるさい親とそれに反発する子供」「真面目に働けと言う親とそれに反発する子供」「夜帰りが遅いと文句を言う親と反発する子供」「家事を分担してという妻とぐずる夫」などです。なんか「反発する子供」が多いですね（笑）。でも、イメージしやすくて、感情が動く設定を選ぶことが大切です。

「戦争に反対する人」と「軍備を増やそうとする人」なんていう例は、社会的意識があって立派ですが、簡単には感情は動かないでしょう。それはもっとうまくなって、簡単に感情を動かせるようになってからやって下さい。

1人2役ですから、演じ分けます。右を向いた時は、子供に文句を言う母親か父親。そういう声になりましょう。左を向いた時は、反発する子供。そういう声です。移動する必要はありません。その場所で、顔の向きを変えるだけで、対立する2人を表して下さい。

「宿題はすんだの?」「やったよ。うるさいなあ」「ホントなの? あなた、この前、やってなかったでしょう」「ホントだよ」なんてことですね。だんだんと感情が昂《たか》ぶってくるのに、1人2役がちゃんとできたら素敵です。

7 森の妖精

●2人 ㊥ ◉　★★★☆☆

Aが森に迷い込んだ設定です。Bが森の中にいる妖精です。Aには姿は見えません。ですから、Bは少し離れた所からAに話しかけます。

Bが「どうしたの?」と話しかけ、後は流れで遊んで下さい。「森の出口、教えて欲しい? どーしよっかなあ? 面白いことしたら教えてあげる」とか「私、森の妖精。寂しいから一緒に遊んでよ」でもなんでもいいでしょう。２分前後の時間制がいいでしょう。

8 親密な物語

●6人～15人　★★★☆☆

全員が円の中心に向かって、頭が来るように寝ます。足が外側、頭が円の中心辺りということですね。隣の人の話し声がとても親密に聞こえるはずです。

さあ、物語を一文ずつ作っていきましょう。どんなファンタジーでも大丈夫です。隣の人の一文を受けて、物語を発展させましょう。基本は「イエス、アンド」です。前の人の話を受けて、発展させましょう。

ファシリテーターは、物語が混乱したり、よく分からなくなったら、「じゃあ、始めから、別の物語を始めましょう」と仕切り直して下さい。

9 誰の話？

●6人～30人（3n）複　★★☆☆☆

３人１組でやります。

ファシリテーターは、テーマを出します。例えば、「今までで一番恥ずかしかったこと」「一番楽しかった経験」「忘れがたい夏休みの思い出」「もらって嬉《うれ》しかったプレゼント」など。なるべくポジティブな話題がいいでしょう。

ひとつ選んだら、3人でそのテーマについてそれぞれに話します。時間にして各自1分、計3分です（ファシリテーターが計ります）。3人の話を聞いたら、チームは、ひとつのエピソードを選びます。一番面白かったものがよいですが、3人とも自分の話が一番面白いと思ったら、ジャンケンですかね。そして、3人が他のメンバーの前で、順番に自分のこととして話します。本人以外の2人も演じるわけです。Aの「夏休みの思い出」の「南の島でダイビング」をチームで選んだら、BもCも、自分のことのように、ワクワクドキドキしながら話すということです。ファシリテーターは、1人1分間と区切ります。他のチームは3人の話を順番に聞いて、本当は誰の話なのか当てます。他人の経験を話す感覚と見抜く感覚を楽しんで下さい。

10 ボックス・レッスン

●1人　★☆☆☆☆

これは、「もうすぐ演劇発表がある」人向けのレッスンです。

①コンビニにある物

足を肩幅に開いて、楽に立ちます。右の箱から左の箱に商品を移動させるイメージで、リズミカルに手を動かします（箱はもちろん架空でお腹の高さぐらいにあるイメージです）。例えば、右の箱に手を突っ込んで、「おむすび」と言いながら、左の箱に移します。続けて、「肉まん」「ノート」と、メトロノームで100ぐらいのテンポで言います。商品に合わせて、箱の大きさを変える必要はありません。

ファシリテーターは、このテンポで手を叩くとリズムが分かって、参加者はやりやすいでしょう。何回か続けて浮かばなくなったら、「からっぽ」と言いながら、手を右から左に動かします。「からっぽ」は何回続けてもかまいません。続けているうちにまた浮かんだら「歯ブラシ」とか言います。

ファシリテーターは1分間ぐらいで区切って下さい。

②あなたの部屋にあるもの

続いて、あなたの部屋にあるものを右から左に動かします。これも、浮かばなくなったら「からっぽ」と言って下さい。

③あなたの役

さあ、ここまでがウォーミングアップです。いよいよ、あなたがやる役に関することを右の箱から左の箱に移します。

例えば、あなたがジュリエットをやるとします。役に関係しているのは、「晩餐会《ばんさん》」「薬」「ロミオ」なんて具体的なものから、「恋」「不安」「絶望」なんていう精神的なものまで、すべて、右から左に移動させます。とにかく、あなたの役に関係しているものやこと全部です。浮かばなくなったら「からっぽ」です。

自分がどれぐらい役について知っているか、気付かせてくれるレッスンです。

中級編

1 ポジティブとネガティブ

●2人～関係者数　★☆☆☆

「演劇発表」を控えている人に対してのレッスンです。

自分のやる役に対して、他の出演者やスタッフが、順番に「ネガティブ」な部分を言います。例えば、ロミオをやる人がいたとしたら、ロミオのネガティブな部分として「単純」「思い込みが激しい」「泣き虫っぽい」「ほれやすい」なんて、いろいろ言います。

その役をやる俳優のネガティブではなくて、「役」のネガティブです。そこを絶対に間違えないように。

合っているとか間違っているとかではなく、みんな、感じたことを言います。理解しにくい言葉が出たら、ファシリテーターが「どういう意味？」と聞いて下さい。例えば、「好き嫌いが多そう」なんて言った人がいたら、「どうしてそう思うの？」と聞くのです。

ひとしきりネガティブが出たら、今度はロミオの「ポジティブ」な部分を聞きます。

「情熱的」「一途《いちず》」「誠実」「行動的」とかでしょうか。必ず先に「ネガティブ」を聞いて、後から「ポジティブ」の順番です。

他人の口から、自分の役の両面を聞くことは、とても有意義な発見となるでしょう。

2 問題解決ゲーム

●2人〜5人 複 ★★★☆☆

あなたは会社の社長です。社員が突然、とんでもないことを「社長、大変です！」と言いながら、飛び込んできます。あなたは、どんな問題であっても、「それはちょうどいい！」とまず叫びます。そして、屁理屈《へりくつ》でいいので、なぜちょうどいいのかを説明します。

まず、なんの会社の社長かを決めます。例えば、建設会社の社長にしますか。社員が「社長、大変です！　建設途中のビルが崩れ落ちました！」と飛び込んできます。あなは、まず「それはちょうどいい！」と叫びます。ちゃんと感情を入れて、です。そして、無理にこじつけます。「ビルの設計からやり直したいと思っていたんだ！」なんてことです。

大切なことは、どんなに困っても、喜んで「それはちょうどいい！」と叫ぶことと、どんなにこじつけでも、「これは名案なんだ！」という気持ちで言うこと。絶対に困った顔を見せてはいけません。社員はすぐに、「分かりました！」と叫んで去ります。そして、次の社員が問題を抱えて飛び込んできます。「社長、大変です！　マンションがまったく売れません！」

現実にはありえない設定でうんと楽しんでみましょう。

3 椅子に座りたい

●2人＋観客 ★★★☆☆

椅子

　AとBが距離をとって立ち、その真ん中に椅子をひとつ置いて、ファシリテーターの合図で、AとBは椅子に向かって走り、先に着いた方が座ります。Aが座ったとします。Bは、なんとかAと交代してもらおうとします。ただし、BはAに触ってはいけません。

　必死に頼んだり、脅《おど》したり、泣き落としたり、説得したり、詰《つ》め寄ったり、とにかく、見ている人の多くに「代わってあげたらいいのに」と思わせたら勝ちです。

　もちろん、Aの気持ちを変えられて、交代する気持ちになったらBの大勝利です。

　3分間ぐらいの時間制がいいでしょう。

　最終的に、ファシリテーターは「交代してあげた方がいいと思った人？」と見ている側に多数決《たすうけつ》をとって下さい。その数で決まります。

4 吊《つ》り橋のエチュード

●2人＋観客 ★★★☆☆

「エチュード」とは、フランス語で「練習」という意味です。演劇界では「短い練習」というような意味で使われています。

一本橋の吊り橋です。

AとBが両側から来て、真ん中で出会います。橋は狭いので、すれ違うことができず、どちらかが戻らないといけません。

AもBも、早く向こう側に行きたい理由があります。例えばAは、「家に泥棒《どろぼう》が入ったと連絡があった」、Bは「病院で子供が生まれた」なんてことです。戻って欲しい、私を先に通して欲しいと、必死に相手を説得して下さい。AとBは、「なぜ自分は向こう側に行きたいのか」「どれぐらい自分は行きたいのか」「どれぐらい必死なのか」をちゃんと観客に伝えて下さい。アピールするのではなく、あなたの選んだキャラクターとして生きて、事情を伝えるのです。

見ている人は、どちらが面白いかではなく、どちらの事情や大変さに感情移入したかで判断して下さい。AとBが演じている間に、こっちを通してあげたいと思った側に観客は手を上げます。Aが橋の右側だったなら右手、Bが左側なら左手を上げます（または、立って移動します）。もし、見ている人が3人なら、3人全員がAかB側に手を上げたら、そこで終了です。

最後まで全員一致しなかった場合は、3分間たった時に多数決です（1人しか見てない場合は、最後に聞きます）。

5 ストリート・レッスン

●5人～15人　★★★★☆

Aがみんなの前で何かをやります。他の人達は、立ったままそれを見る観客です。観客は、Aのパフォーマンスに飽《あ》きたら立ち去ります。まさに、ストリート・パフォーマンスのようなレッスンです。時間制限は1分間。観客の半分が立ち去ったら、そこで終了です。最後まで、観客を引き止めた人が勝ちです。

1分間なんて簡単だと思いましたか？　さあ、やってみましょう。

6 私は主張する

●2人～15人　★★★☆☆

Aが、とにかくナンセンスと思われることを演説として主張します。聞いている人達は、反論したり突っ込んだり笑ったりバカにしたりします。

でも、Aは主張を続けます。2分間ぐらい主張を続け、「ご静聴《せいちょう》、ありがとうございました」と言って終わるのが目標です。

演題としては、「私は台風の目がウィンクするのを見た」「私は火星人と踊《おど》ったことがある」「私は月のウサギを飼っている」「私は嬉しいと体が具体的に15センチ、床から浮く」などなどです。

真剣に訴えて下さい。熱意と努力次第では聴衆《ちょうしゅう》も一瞬は納得するかもしれません。

7 物語オーケストラ

●4人〜15人　★★★★☆

円形に座ります。Aがまず物語を語り始めます。アドリブでもいいですが、まずは、有名な昔話にしましょう。例えば「桃太郎」。

Aが「ある日、おじいさんは山へ柴刈りに、おばあさんは川へ洗濯《せんたく》に行きました」と語ると、周りの人達は、「ジャブジャブジャブ」なんて言いながら、環境音とBGMを口で奏《かな》でます。

Aが「と、川上から大きな桃が流れてきました」と言ったら、どんぶらこっこの大合唱でもいいし、物語を盛り上げる音楽をハミングしてもいいし、ドラムの音でワクワク感をあおってもいいです。Aの「おばあさんは桃を家に持って帰りました」の所では、「ふうふう。重い、重い」なんて言葉もありです。桃を切った時には、「パッカーン！」とか「じゃじゃじゃじゃーん！」や「ドンデンドンデンドンデン」というリズムかもしれません。とにかく、Aの語りを、全員の声で盛り上げて下さい。

もちろん、鬼退治《おにたいじ》の時は、犬や猿、キジになる人と、逃げまどう鬼の声で参加します。

8 コンタクト・ゲーム

●2人 複 👁 ★★★☆☆

AとB。設定を決めます。「先輩と後輩」にしますか。

ルールはひとつだけ。相手の体に触《さわ》った時だけ、しゃべれます。それ以外は言葉を出してはいけません。

これは、エチュードになると、とにかくムダに話し始める人が多いので、それを防止し、本当に大切な言葉を自覚するためのレッスンです。ですから、どうしても話したい時は、なんとかして触らないといけません。意味なく触るのではなく触ることを合理化（動機付け）して下さい。どれぐらい動機付けして触れるでしょうか？

9 あなたが話す

●2人 複 👁 ★★★☆☆

AとBの場合、まず設定を決めます。友人同士が日曜日の予定を決めている、なんてことにしましょうか。

Aが口をパクパクすると同時にBが話します。B「今度の日曜日、映画でも行かない？」今度は、Bが口をパクパクします。Aが言葉を発します。A「いいねえ。なんか、見たいのある？」すぐにA

がパクパクです。Bが言います。「トム・クルーズの新作があるんだよ。すっごく見たいんだ」Aは、口をパクパクしながら、まるで自分が話しているかのような表情と身振りをします。Bも話す時は同じです。他人の言葉で演じてみましょう。

上級編

1 6つの会話

●2人 複 👁 ★★★★★

A「おはよう」
B「おはよう」
A「調子はどう?」
B「あんまりね」
A「大丈夫?」
B「だめかも」

というセリフがあるとします。AとB、3つずつで全部で6つです。この6つのセリフを、いろんな状況での会話だと設定して演じてみます。

最初はファシリテーターが設定を言うのがいいでしょう。例えば、「舞台の初日」「試合の朝」「転校の朝」「戦争の出撃《しゅつげき》の朝」「結婚式の朝」などなどです。どんなふうに言い方、感じ方が違うか味わってみて下さい。

また、別の6つの会話を作って、いろんなシチュエーションで楽しんでみて下さい。

2 ト書きとセリフ

●2人 複 👁 ★★★★★

A「鳥が好きだ」
B「と言いながら、木にとまっている鳥を見た」
A「(鳥を見る)」
B「あの鳥は何?」
A「と言いながら、指さした」
B「(指さす)」
A「ホトトギスかな?」
B「と言いながら、近づいた」
A「(近づく)」

Ｂ「シジュウカラかな？」

Ａ「と言いながら……」

という流れです。２人は演じながら、セリフとト書きを順番に繰り返します。

面白い物語を作ってみましょう。「感じること」と「考えること」を両立させ、予想がつかないことを楽しむ、かなり高度な練習です。

３ ナレーターと俳優

●２人 複 目

Ａがナレーターになります。Ｂが俳優です。まずは、短いドラマを選びます。「桃太郎」にするとします。

①会話のみ繰り返す　★★★☆☆

まずは、ナレーターはセリフも言いながら物語を語ります。桃が流れてきた時には「まあ、なんて大きな桃なんでしょう」とか「これは持って帰りましょう」なんてセリフでしょうか。ナレーターですから、地の文（説明）も語ります。「おばあさんは大きな桃を持って帰りました。それを見ておじいさんが言いました。『これはまあ、大きな桃じゃわい』」なんてことです。

俳優は、ナレーターの会話の部分だけを繰り返します。「これはまあ、大きな桃じゃわい」の部分です。

②会話を言う　★★★★☆

続いて、もう一度、最初からナレーターは語り始めます。ただし、会話の部分は、全部、俳優だけが言います。ナレーターは、地の文だけです。

③ほとんどを言う　★★★★★

最後まで言ったらまた最初に戻り、今度は、ナレーターはなるべく言葉を減らして、必要最低限度のことしか言いません。ほとんどを俳優のセリフに任せるのです。

A「おじいさんは」B「よし、山へ柴刈りにいくか」A「おばあさんは」B「川に洗濯に行こうかのう」A「おばあさんが川で洗濯をしていると」B「あれ？　あれは大きな桃じゃないか。待て待て。これは、なんとかして家に持って帰ろう。おじいさんが喜ぶだろう。よし。ああ、重い桃だ」A「おばあさんはようやく桃を家に持って帰りました。おじいさんは」B「これはまあ、大きな桃じゃわい。さっそく切ってみよう」……という感じです。もちろん、俳優は感情をちゃんと入れて演じて下さい。

4 単音エチュード

●2人 👁 ★★★★☆

しゃべれるのは一音だけです。例えば、Aは「た」という言葉を選ぶとします。Bは「あ」です(何を選ぶかは自由です)。

「先輩Aと後輩B」という設定にしましょう。Aが出会った瞬間「た！」と声を出します。言葉なら

「よう」ということでしょう。Bは、そう言われた瞬間「あ」と返します。言葉なら「こんにちは」でしょうか。

Aの「コーヒーでも行くか?」の代わりに「たーた、たたた?」と言います。「た」しか言えませんが、言い方は自由です。「たーーー」と伸ばしても「たたたたたっ」と何回言ってもいいです。Bは「あー、あああ」と返します。

これは、言葉を自覚し、感情と共にもう一度言葉と出会うためのレッスンです。自由なエチュードだと「コーヒーでも行くか?」と言われて「あ、いや、そうですねえ。えーと、まあ、あの」なんて、言葉をただ消費《しょうひ》してしまう傾向のある人が出てきます。

単音のエチュードは、それを避けるために、言葉に対して自覚的になるのです。3分前後の時間制がいいでしょう。

5 ポーズ・エチュード

●2人 ◉ ★★★★★

AとBが、例えば「先輩と後輩」の設定で道で出会ったとします。

Aが「よう」と言って、手を上げたら、そのまま止まります。Bが近づいて「こんにちは」と言って頭を下げたら、そのまま止まります。Aが「コーヒーでも飲もうか」と言って、親指をくいっと動かして誘ったら、そのポーズのままで止まります。次にBが「いえ、あの、これから用事があって」

と、片手を頭の後ろに回して焦《あせ》った表情になったら、そのまま止まります。

つまり、セリフと共に動き、動いた所で毎回、交互にストップするのです。無意識に動くのをふせぎ、身体感覚を作っていくためのレッスンです。もちろん、気持ちをちゃんと入れてやって下さい。感情を伴わないまま、このレッスンをやると難易度《なんいど》は★★☆☆☆になります。そこから始めるのも、一つの方法です。

6 出会いのエチュード

●2人 👁 ★★★★★

AとBがステージの端にいて、そのまま、歩いてきて中央で会います。条件はこれだけです。そこで初めて相手の目を見て、感じたことを手がかりに会話を始めて下さい。

相手が疲れていると感じたら「どうしたの?」。相手がエネルギーに溢れていると感じたら「調子よさそうだね」。相手が怯《おび》えていると感じたら「何かあった?」などなど。

演技を始める手がかりは、相手の目や顔、身体、全体の雰囲気《ふんいき》ですが、それで充分です。心を開いて、リラックスした状態で始めれば、何かを感じるはずです。

2分~3分の時間制がいいでしょう。

Ⅸ　演技のためのレッスン

いよいよ、演技そのもののためのレッスンです。もちろん、今までのレッスンも、俳優および俳優志望者にとっては、すべて演技のためのレッスンですが、以下は、演技に完全に焦点《しょうてん》を当てたレッスンということです。

俳優を目指していない人には、もちろん、「表現のためのレッスン」になります。日常という舞台で、素敵に演じるためのレッスンです。

３つの視点から演技にアプローチします。**「お互いの関係を意識するレッスン」「考えることと感じることを両立させるレッスン」「予想がつかないことを楽しむレッスン」**です。

○お互いの関係を意識するレッスン

＊249ページ❹「ステイタス・ポーズ・レッスン」でも紹介しましたが、「ステイタス（地位・立場）」という言葉に馴染《なじ》みがない人が多いでしょう。日本人は、自分と相手とのステイタスをはっきり言葉にすることを嫌うようです。でも、日本語ほどステイタスと密接《みっせつ》な言語はありません。英語では、

例えば、「あなた」はｙｏｕだけですが、日本語は「あなた」以外に「おまえ」「あんた」「君」「おたく」「あなた様」「貴様」などなど、たくさんあります。これらは、すべて「自分と相手の関係」が明確にならないと言えない言葉です。つまり、日本語はとてもステイタスに影響を受ける言語なのです。

1 ステイタス・ポジション

●2人～8人 👁

✎ 椅子（なければ机や棒など空間を仕切るもの）

①1人バージョン ★★★☆☆

椅子で四角形の空間を作ります（259ページと同じマジック・スペースです）。一辺が2～3メートルです。

この空間に対するあなたのステイタス（地位・立場）を決めます。この空間に立つことがものすごく緊張して、居心地《いごこち》が悪く、自信がない場合の最大レベルを1とします。逆に、この空間にいることでとてもリラックスして、自信に溢《あふ》れ、堂々とできる場合は10です。

まずは、自分でステイタスレベルを決めて、この空間に入ってみて下さい。レベル1は、例えば、「練習を全然してない初日の舞台」とか「苦手な人しかいない場所」とか「まったく自信のない面接・プレゼン会場」でしょうか。想像してみて下さい。

最初は、「この空間に入って、周りを見回して、出てくる」だけでいいです。空間とあなたの関係、つまりステイタスをしっかりと意識して下さい。どうでしたか？　では、徐々に数字を上げてみますか？　レベル2は？　レベル5は？　レベル10は、どんな空間ですか？　イメージしてみましょう。

②2人バージョン　★★★★☆

だんだんと慣れてきたら、2人で設定を決めて会話します。Aはレベル1で、Bはレベル10とかで話し始めると分かりやすいでしょう。話すテーマはなんでもいいです。「週末の予定」「好きな映画」「好きな食べ物」などなど、です。

2人で別々の入口から入って、そこで話します。自分の状態をはっきりと感じ、次に相手の状態を感じて下さい。「週末の予定」でAがレベル1なら、オドオドと自信なく話し始めるでしょう。Bがレベル10なら、堂々といろんな予定を提案するでしょう。Aは、なかなか予定を選ぶことはできないでしょう。2人のレベルは、ファシリテーターがあらかじめ決めても、お互いが決めても、どちらでもいいです。また、お互いのステイタスを知っていても知らなくても、どちらも面白いです。場合によっては、さらに人数を増やしてもいいです。

2 ステイタス・トーク

●2人 複 目

①立場が明確な2人　★★★★☆

「先輩と後輩」「上司と部下」「先生と生徒」「家の人と押し入った泥棒」「お店の店員と客」というような立場がはっきりしている設定を選びます。

Aが先輩、Bが後輩とします。

どういう状況かは2人で相談します。学校なのか、部活なのか、会社なのか、だいたいでかまわないのでとりあえずの設定を決めます。最初の1分〜2分は、先輩と後輩のフリー・エチュードをします（「フリー・エチュード」とは、事前にストーリーを決めない自由な短い練習のことです）。先輩は先輩らしく、後輩は後輩らしく、決めた設定だけで自由に演技します。

しばらくしたら、ファシリテーターは「ステイタスを逆にして」と言います。AとBは、ちゃんと理屈をつけてステイタスを逆にします。例えば、それまでは、演劇部の先輩Aと後輩Bという立場で指導を受けていたのに、途中でAの好きな相手とBがとても仲がよいことが分かって、AはなんとかBに自分を売り込んでもらいたい、会わせてもらいたいと、とても下手《したて》に出るようになった、なんてことです。もっと単純だと、Aにお金を貸しているのになかなか返さないことに怒ったBが、先生（上司・警察など）にもう言うと言い出して、Aが慌《あわ》てるなんてのもあります。

わざとらしく急にステイタスを逆転するのではなく、ちゃんと動機付けして、AもBも納得できる理由にして下さい。

納得できる理由でゆっくりステイタスが変わっていくケースと、急激にステイタスが変わっていくケース、どちらもできれば素敵です。

②見知らぬ2人　★★★★★

エチュードの開始前に、ファシリテーターは、例えば、Aがステイタスが上、Bが下と決めます。設定は「Aが公園のベンチに座っていて、Bがやってくる」とか「列車のボックス席にAとBが向かい合って座っている」とか「深夜のタクシーの列にAとBが並んでいる。タクシーはなかなか来ない」とかです。

何らかの動機付けで、2人は会話を始めて下さい。フリー・エチュードの開始です。AからでもBからでもいいです。話し方は、決められたステイタスでやります。やがてファシリテーターは「それでは、ゆっくりとステイタスを逆にして下さい」と言います。2人は、なんとか動機付けして、ステイタスを逆にします。3分間とか時間を区切るのがいいでしょう。その時間でうまく逆転できるでしょうか。とても高度なレッスンです。

3 3人でステイタス

●3人＋観客 ★★★★

指示のカード

1チーム3人でやります。他の参加者は観客になります。

3人で違う立場を選びます。

例えば、「部活OBと現役先輩と現役後輩」「演出家と俳優と作家」「先生と生徒と保護者」「医者と看護師と患者」「上司と部下と取引先」などです。

①お互いのステイタスを知っている

３人で相談するか、ファシリテーターが３人のステイタスを決めます。３人は、演技をしながら、そのステイタスを動機付けします。例えば「演出家３、俳優２、作家１」（１が一番上）だとしたら、なぜなのか理由を各人、演技しながら作っていきます。作家があまりにも有名で、俳優がその次で、演出家が駆け出し、なんてお互いに納得できる理由が、お互いのキャッチボールで作られていくと面白いです。

ファシリテーターは、２分後、演技を続ける３人に「自分のステイタスに１を足す。（３＋１）で４になる人は１になる」と書いた紙を見せます（観客には見えないように）。つまり「演出家１、俳優３、作家２」になります。これも、ちゃんと理由をつけて、動機付けして適応して下さい。３分前後やったら、終了です。

ファシリテーターは、見ていた人に、「さあ、各人のステイタスが最初はいくつで、後半はいくつになったか、分かりましたか？」と聞いて下さい（ファシリテーターは、もう一枚の紙「自分のステイタスから１を引く。０の人は３になる」を持っていて使い分けます）。

②自分で決める

上記の設定を今度は、３人は、誰にも相談しないでステイタスのレベルを自分で決めます。ですから「演出家１、俳優３、作家１」という場合もあるでしょう。同じレベルでぶつかってもかまいません。

２分前後やったら、見ていた観客がレベルを当てます。

4 5人の計画

●5人 複 目

指示カード

276ページの「密室のキャラクター」を5人でやります。

①カードの通り　★★★☆☆

ファシリテーターは、エチュードの開始前に、5人に別々のことが書かれた紙を一枚ずつ渡します。文字を伏せて引いてもらうのがいいでしょう。

・「常に、いろんな提案をし続ける」
・「常に、他人の意見に反対し続ける」
・「常に、対立する意見の真ん中を取って調整しようとする」
・「常に、誰の意見でも賛成する」
・「常に、誰の意見でも揚《あ》げ足を取る（からかう）」

計画のテーマもファシリテーターが決めます。「山か海に行きたい」「どこかの遊園地に行こう」「週末にピクニックに行かないか」「スキーかスケボーはどうだろう？」「文化祭の出し物」「次の公演の演目」などなど。どんな話し合いになるか、始めてみましょう。

②交換　★★★★☆

2分ほどしたら、ファシリテーターは、「それでは、誰かとカードを交換して、その指示通りにして下さい」と言います。

議論は続きからです。カードの指示で意見を変える人は、ちゃんと合理化（動機付け）して、変わった理由を言いながら、新たな意見を言って下さい。

2分ほどして終了です。場合によっては、もう1回カードを交換しても面白いです。参加人数が少ない場合は、4回、カードを交換して、すべての立場をやってみるのもいいでしょう。

③「常に」と「時々」　★★★★☆

「常に」の部分を「時々」にかえてみましょう。どんな議論になるでしょうか。いつも反対するのではなく、時々、反対するのです。その判断は各自が決めます。

5 トランプ・ステイタス

●7人～12人＋観客 👁

①順番当て　★★★☆☆

ファシリテーターは、参加者が8人なら、1から8までのトランプを用意します。

参加者は、トランプを引きます。他の人には自分のカードを見られないように。引いた数字が、あなたの集団でのステイタスです。1が一番上、8が一番下、カスです。

ファシリテーターは設定を言います。例えば「大学のテニス部の合宿。朝食が終わって、今から民宿の傍《そば》にあるテニスコートで練習を始めるためにみんな集まってくるところ」です。誰からコートに来るかも、自由です。自分の番号で判断して下さい。

ファシリテーターは、もし、展開が滞《とどこお》って進まないようなら「ネットは張らないの?」「先輩は喉《のど》がかわいてるんじゃないかなあ」「誰か熱中症で気分が悪くならない?」などサイドコーチして下さい。これは、展開に刺激を与えて、面白い物語にすることで、参加者の感情やイマジネーションを刺激するための方法です。

2分〜3分間ぐらいやったら、「そこまで」とファシリテーターは言って、観客に「さあ、8人の順番を当てて下さい」と言います。観客は、1番だと思う人から順番に並んでもらいます。観客の意見が割れたら、ファシリテーターは多数決を取って下さい。それでも決まらなければ、観客が議論して決める必要があります。

1番から8番まで観客の予想で並んだら、ファシリテーターは「それでは、1番の人、手を上げて。では、2番の人、3番の人……」と確認して下さい。全部、予想と合っていたら大拍手ですね(もし、参加者が全部で10人しかない場合は、7人がゲームをやって、3人が観客に回るといいでしょう)。

他には、「劇団の稽古場。今日も稽古のために、みんなやって来る」「誰かの誕生パーティーにみんな集まって来る。いろんなお楽しみがあるみたい」なんて設定です。

②プラス1バージョン ★★★★☆

8人の参加者に対して、1から9までのトランプを用意します。ファシリテーターはみんなの前で一枚抜いて、どこか別の場所で伏せておきます。こうしておけば、ファシリテーターにも、なんの数字か分かりません。

8人の参加者は、各人、トランプを引きます。後は①と同じです。合宿でも稽古場でもパーティー会場でも、他の設定でも自由です。ただし、観客は、順番を予想しながら、同時に、何番が抜けているかも予想しなければいけません。演じている側も同じ予想をたてないとうまくいきません。2を引いた人が、自分は2番だから、1番の指示を待とうと思っていても、最初にファシリテーターが抜いたカードが1かもしれないのです。

3分前後たったら（面白くなれば5分でもいいです）、また予想した通りに並んでもらいます。この時、何番が抜けているかも同時に聞きます。「1番、2番、3番がいなくて、4番……」という感じです。何番が抜けているか、観客の意見が割れた場合は、とりあえず、それは決めないで、並んでもらいます。さあ、答え合わせをしましょう。

6 トランプ・ステイタス　ジブリッシュ・バージョン

●7人〜10人＋観客　★★★★★

5をジブリッシュ（ムチャクチャ語）でやります。他のルールは全部、同じです。設定を決めて始めてみましょう。さあ、どうなるでしょうか。

○考えることと感じることを両立させるレッスン

＊演技は、考えながら感じることを同時にやります。決まったセリフを覚えて、決まった立ち位置で、決まった速さとテンポで、つまり考えながら演技をしなければいけません。ただし、同時に〝感じる〟のです。

どちらかだけだととても楽です。終始、冷静に、決められたセリフ・立ち位置・速さ・テンポで演技するのは、そんなに難しいことではありません。笑ったふりとか悲しんだふりをして、心はまったく動いてない場合です。

また、感じることだけを優先するのも簡単です。セリフをすっ飛ばし、決められた立ち位置を無視し、速さとテンポもその時の気分で変えながら、自分の感情を吐き出すのは、そんなに難しいことではありません。

演技は、その二つが両立することを求めます。それも、高いレベルになればなるほど、上手《うま》い演技になります。

じつは、これはすべての表現に通じます。私達が、小学校以来、入学式や卒業式での偉《えら》い人の話にほとんど感動した記憶がないのは、みんな「考えること」だけに集中していたからです。前日、さんざん推敲《すいこう》した「中国の大切なことわざ」なんかの話を、ただ、生徒の前で「冷静に読む」だけでは、まったく感じていないのです。

表現は考えながら同時に感じなければいけません。「あ、この話、みんな退屈《たいくつ》してるな」と感じたら、決めた文章を予定通りに読むのではなく、早口にしたりすっ飛ばしたりアドリブで簡単に言い直したり、まったく別の話に変えたりする必要があるのです。

逆に「みんな食らいついて来てるな」と感じたら、文章をゆっくり読んだり、アドリブで書いてないことを足したり、違うエピソードを加えたりするのです。

すべての表現、例えば友達に旅行の楽しい思い出話を語ることから、ビジネスのプレゼンや演技まで、すべて同じです。

『演技と演出のレッスン』でも示した図44をもう一度出しておきます。左の円が「自然な感情」です。右の円は「意識的な表現」です（「ひねった表現」を変えました）。

この二つの円が交わる領域が広ければ広いほど、その人は上手い役者、上手いプレゼンター、話し上手な人ということです。

「自然な感情」と「意識的な表現」の交わる部分とは、「感じる」と「考えること」を両立させる部分のことなのです。

（これ以上の繰り返しは避けたいので、詳しくは『演技と演出のレッスン』を参照して下さい）

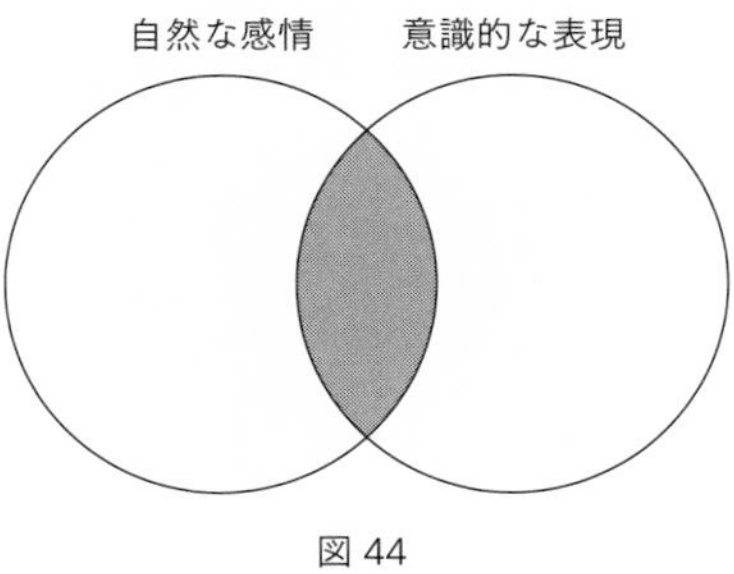

図44

1 何をしてるんですか？

●2人～5人 複 ◉

インプロという即興《そっきょう》の練習方法で有名なものです。

①基本バージョン　★★★☆☆

Aが、例えば料理の動きをマイムでやり始めます。目に見えない包丁で、目に見えないキャベツを、まるであるもののように切りますか。

Bがしばらくその姿を見た後、「何をしてるんですか？」と聞きます。Aはすぐにやっていることとまったく関係のないことを、料理のマイムを続けながら答えます。例えば「映画を見てます」とかです。それを聞いたBは、すぐに映画を見始めます。ただ、見る真似をするのではなく、その世界に生きて下さい（詳しくは後述）。Aは答えたら演技をやめます。

3人の場合は、しばらくしてCがBに「何をしてるんですか？」と話しかけます。Bが「ラーメンを食べてます」と答えたら、その内容をCがすぐにやります。後は同じです。2人だと、次々やらないといけないので、他の人のを観察する余裕が生まれません。なるべくなら、3人～5人がいいでしょう。

＊大切なことは、「映画を見てます」と言われたら、ちゃんと「4W」を決めることです（スタニスラ

フスキー・システムの基本的な考え方です。『演技と演出のレッスン』を参照して下さい)。

瞬間的なレッスンですから、「4W」を充分準備する時間はないのですが、できるだけイメージすると、このレッスンから得られるものは大きくなります（逆に言うと、何もイメージしないまま、感じないままやると、あまりこのレッスンの意味はありません)。

「4W」のうち、「WHO=誰」は、あなた自身でいいでしょう。短い時間で別人になるのは無理だと思います。

「WHERE=どこ」は決めないといけません。例えば「映画を見てます」と言われたら、次のようなことを決めます。どこで映画を見ているのか。映画館なのか、自宅なのか、友達の家なのか。映画館なら、どこの映画館なのか。スクリーンの大きさはどれぐらいか。自宅はイメージしやすいでしょう。テレビ画面で見ているのか、パソコンか、それとも友達の家でスマホか。誰と見ているのか。1人なのか?

「WHEN=いつ」も同時に想像します。夜なのか、昼なのか、夕方なのか。窓があったら光が入ってきているのか?　窓は暗いのか?

「WHAT=何」は、どんな映画なのか?　タイトルは何か?　今、まさにどんな風景が映っているのか?　知らない映画は想像するのは無理でしょう。あなたがよく知っている映画の1シーンをイメージして下さい。

こういうことを短い時間ですが、順番にイメージできていくと、やりながらだんだんと周りの風景が見えてきます。その世界で生きるようになるのです。そして、これが不思議なのですが、やっている人間が見えてくると、順番を待っている人間にも、やっている人間が見ている風景を感じることができるのです。

逆に言うと、やっている人間がまったく風景が見えてないと、待っている次の人間もまったく風景を感じないのです。

Ｂが「ラーメンを食べています」と答えたら、Ｃはすぐにラーメンを食べ始めます。迷ったり、ためらわないですぐに始めて下さい。食べながら、「ここは自宅？　それともラーメン屋さん？」と決めていきます。自宅なら、目の前にリビングの風景を思い出して下さい。稽古場の椅子が近くにあったら使いましょう。立って食べることはなかなかないですからね。お店だったら、自分が行ったことがある場所を選んで下さい。カウンターの色、丼《どんぶり》の色、どんな匂《にお》いがして、どんな店員さんがいて、どんな音がして、何時ぐらいでと、ラーメンを食べながら、次々と思い出して、はっきりと見えるようになって下さい。

次に３人ならＡ、４人ならＤは、Ｃの演技を見ているうちに、ぼんやりとラーメンを食べる場所が見えてきたら、「何をしてるんですか？」と話しかけると思っていて下さい。ただし、どんなに待っても、風景を感じない時があります。例えばＢが「犬を散歩させています」と答えたとします。Ｃがもし、犬を飼っていたら、わりと簡単に想像できるでしょう。どんな犬でどんな道でどんな色のリードで、と次々とイメージがわいてくるはずです。でも、犬を飼ったことがない人には難しいでしょう。犬そのものをなかなか、はっきりとイメージできないと思います。ですから、しばらく待って、イメージが見えない時は、待ちすぎないで、「何をしてるんですか？」と聞いて下さい。

何回かやると賢《かしこ》い人は、このレッスンを恥《はじ》をかかないでやり過ごす方法を見つけます。それは、「何をしてるんですか？」と聞かれる前に、先に答えを用意しておくことです。例えば、Bに聞く前に、Cが「自分が聞かれた時は、野球をしていると答えよう」とあらかじめ決めるということです。

でも、そうすると、このレッスンの大切な部分が抜け落ちてしまいます。このレッスンは「考えることと感じること」を両立させるための代表的なレッスンだと僕は思っています。

「ラーメンを食べています」とBに言われて、Cはラーメンを食べ始めます。最初はぼんやりでしたが、だんだんと鮮明にイメージできるようになったとします。いつも行くラーメン屋さんの風景が浮かび、いつもの匂い、いつもの音まで聞こえてきたとします。ラーメンの味がいつのまにか口の中に広がり、体が喜んでいる感覚さえ感じられるとします。これが「感じている」状況です。この状況で「何をしてるんですか？」と聞かれると、一瞬、「感じること」から「考えること」に移らなければいけなくなります。これには、小さな苦みというか戸惑い、軋《きし》みが生まれます。

でも、この経験が大切なのです。

それは、覚えたセリフ、決められた立ち位置、速度と間を意識しながら（考えながら）、同時に感情に身を浸《ひた》している状況と同じだからです。

ですから、Cは次に言う準備なしでラーメンを食べることが重要なのです。そして「何をしてるんですか？」と聞かれて、そこで初めてラーメンを食べながら考えるのです。

「考えること」と「感じること」がより高いレベルで両立できるようになればなるほど、あなたは表現と演技に余裕が出て、上達するのです。

②サブキャラクター・バージョン　★★★★☆

しばらく①をやったら、次のレベルにいきます。

Bが映画を見ながら、「ラーメンを食べています」と答えたとしたら、Cはラーメンをすぐに食べ始めます。ここまでは同じです。ただし、次のD（または3人ならA）は、Cの演技を見た後、Cの「ラーメンを食べている風景」の中に、サブキャラクターとして参加します（ですから、参加者が2人しかいない時は、このレッスンはできません）。

Cがラーメン屋さんで食べているように見えたら、例えば、カウンターの中に入って「最近、調子どう？」と聞く、気さくなマスターになってもいいし、「餃子《ぎょうざ》、おまちどうさま」と餃子をテーブルに置く店員でもいいし、Cの横に座って「味噌ラーメン」と注文する客になってもいいです（あくまで、Cの演技を見て決めます。サブキャラクターですから）。なるべくなら、話が続いた方が面白いので、例えば、後から入ってきた客として、Cに「なんだ。ここにいたの？　ラーメン食べるなら言ってよ」と友達になる、なんて手もあります。

しばらくサブキャラクターとしてメインキャラクターのCに絡んだ後、D（3人ならA）は突然「何をしてるんですか？」と聞きます（話に夢中になると忘れがちになるので、忘れているようなら、他のAやBが教えてあげて下さい）。

D（3人ならA）に聞かれたCは、ラーメンを食べながら、「野球をしてるんです」と答えたとします。D（かA）はすぐに、例えばピッチャーになるとします。急いでイメージを明確にします。誰とどこでやっているのか、バッターはいるのかいないのか、どんな奴なのか。4人ならA（3人ならB）がD（またはA）の世界のサブキャラクターになります。まずメインのD（かA）のピッチャーの演技を確認した後、参加します。バッターになってもいいし、ショートを守る人になってもいいし、監督からの伝令になってもいいでしょう。もし、D（かA）が軽くキャッチボールをしているようだったら、相手になるのもいいし、「もう、やめて帰ろうよ」と話しかける人になってもいいでしょう。しばらく関係を作ったら、A（かB）は突然、D（かA）に「何をしてるんですか？」と聞いて下さい。

サブキャラクターと会話したり、関係を作り始めると、「感じること」がやりやすくなっていくはずです。その中で、軋《きし》みながら「考えること」を始めて下さい。

＊「宇宙遊泳やってます」とか「銀行強盗してます」とか、珍しさと受けをねらって言う人がいますが、それをやる人の演技が嘘くさくなってしまうようなことは、言わない方がいいでしょう。いじわるしたり、受けをねらうのは、相手との関係を台無しにします。常に、相手と共に表現と演技のレッスンをしているんだと考えて下さい。

③円形バージョン　★★★★☆

全体で参加者が7、8人の少人数の場合は、円形になって、お互いの演技を全員で見るのもよいでしょう。1人ずつ順番に隣の人に聞いていきます。サブキャラクターになるのも同じ要領です。

2 何をしてるんですか？　オールサークル・バージョン

●7人〜15人　★★★★☆

①サブキャラクター・バージョン

円になります。円の中央に1人Aが出て、何かを始めます。ボーリングとしましょうか。しばらくしてBが出てきて、「何をしてるんですか？」と聞きます。Aは「ジェットコースターに乗っています」と答えると、BはAの答えをすぐに始めます。AはBの動きを見て、すぐにサブキャラクターとして参加します。Bと一緒に乗っている人になってもいいし、地上で見ている人でもいいでしょう（もっと詳しいサブキャラクターの例は1に書きました）。

しばらくして、Cが出てきてBに聞きます。Bが「サッカーをしています」と答えると、Cは、すぐに始めます。AとBは、Cの動きを見て、サブキャラクターとして参加します。Dが出てきて、Cに聞きます。以下、同じです。こうして、円の中はどんどん増えてきます。

②1人バージョン

お互いがサブキャラクターにならず、1人でやります。つまり他の人と交わらないで、指示を演じます。例えばCがDに「遊園地で遊んでます」と答えた時には、A、B、C、D、それぞれに遊園地で遊びます。誰のサブキャラクターにもなりません。こうすると円の他の人は、DとAとB、Cのそれぞれの遊び方を見ることができます。誰の遊び方がリアルで、周りの風景が見えて、誰のが嘘くさくて何のイメージも見えないかがよく分かるレッスンです。

ただし、参加者のイメージが弱く、感情がなかなか動かない時は、サブキャラクター・バージョンがお勧めです。

❸ ノー1文字ゲーム

●2人 ㊥複 👁 ★★★☆☆

2人1組でやります。

まず、言ってはいけない文字をひとつ、相談して決めます。参加チーム数が多い時は、ファシリテーターが全員に伝えてもいいです。

例えば、〝き〟を言ってはいけないとします。Aは〝き〟を言えませんが、Bは大丈夫です。2人は会話を始めます。話題は何でもいいです。うまく話せないようでしたら、ファシリテーターが提案して下さい。「昨晩、食べたもの」「好きなテレビ番組」「好きなスポーツ」などです。

Aは、とにかく〝き〟を避けて話します。Bは、なるべく会話が楽しく弾むようにしながら、相手に〝き〟を言わせるようにします。もし、Aが〝き〟を言ってしまったら、交代です。Bが〝き〟を言ってはいけなくなります。2分間ぐらいの時間制がいいでしょう。慎重になり過ぎず、話題を楽しみながら、考えましょう。

4 定員2人

●3人〜4人 複 ◉　★★★☆☆

常にステージには、2人しかいられないと思って下さい。場所は、例えば「部室」「オフィス」「教室」「自分の部屋」「友達の部屋」などなどです。

AとBがいて、会話しているとします。そこにCが入ってきます。AかBのどちらかが、なるべく早く出て行かなければなりません。ただし、理由が必要です。意味もなく出て行くのではありません。

例えば、AとBが「Aの部屋」で、週末の予定を相談していたとして、Cが入ってきたら、Aは「俺、飲み物、持ってくるよ」なんて言って部屋を出る、ということです。当然、Aが戻って来たら、BかCが理由を作って部屋を出ます。Dも参加して4人でもいいです。

5 定員3人

●4人 複 ◉　★★★☆☆

「定員2人」と、ルールは同じです。ステージは、常に3人しかいられないということです。例えば、部室で3人が文化祭の準備をしていて、4人目が入ってきたら、3人のうち誰かが理由をつけて出て行くということです。そして、また誰かが入ってきたら、誰かが出て行きます。

6 4人の部屋

●4人 複 目 ★★★★☆

「定員3人」を少し複雑にしたレッスンです。

部屋には、3人います。Aは立っています。Bは椅子に座っています。Cは寝ころがっています。そして、もう一人Dは部屋の外にいる、という設定です。

ファシリテーターが「ここは椅子に座っているBの家にしましょうか。4人は、今からどこに遊びに行こうか話し合っています」と基本の設定を説明します。

Dは今、外にいます。もし、Dが部屋の中に入ってきたら、全体のバランスは崩れます。立っていたAは、椅子に座るか、寝ころぶか、外に出るかのどれかを選ばないといけません。他の人も同じです。とにかく、自分の今のポジション以外を選びます。もちろん、理由付けしてです。意味不明に寝ころがったり、座ったり、外に出てはいけません。4人がそれぞれ、同じポジションにならないように互いの状態を見て下さい。

外に出た場合、そこから部屋の中に話しかけるのは可能です。つまり、部屋の外から声は届くということです。もちろん、買い物とか遠くに行く設定だと、声は聞こえません。

ファシリテーターは、動機付けられてない不自然な動きの時は、指摘して下さい。

４人のバランスを崩すのは、外の人だけではありません。椅子に座っていた人が「よし、じゃあ、今から行こう」と立ち上がったら、その瞬間にバランスは崩れます。それぞれが、別のポジションに動機付けしながらついて下さい。

＊動機付けするためには、ちゃんとした物語、会話が成立していないと難しいです。このレッスンで、とにかく、バランスを崩すことを目的にしようとする人がいますが、そうではありません。ちゃんと「感じ」ながら、物語を続けて下さい。その途中で突然、バランスが崩れ、「考える」必要が生まれるからレッスンになるのです。

7 みんな１人

●４人 複 ◉ ★★★☆☆

４人でパフォーマンスしながら、自然な流れで、順番に１人ずつを例外（仲間外れ）にしたら成功です。

いじめではないので、仲間外れにする合理的な理由が必要です。「好き」とか「嫌い」ではなく、「目的」「趣味」「お金」「人脈」「資格」「技術」などです。

仲間外れになることを避けるレッスンではなく、４人で協力して、見ている人が納得する理由で、順番に１人ずつ例外にすることが目標です。ですから、これでいけそうだという場合は、仲間外れになりそうな人は、率先してその方向に進んで下さい。ただし、不自然にならない範囲で。

例えば、休日の予定を立てようとして、Aだけが山を主張し、他の3人が海だとします（好きだけではなく、納得できる理由を作って下さい）。それでAはOKです。Aは妥協して一緒に海に行くことにします。その時、今度はBだけが電車で、他の3人が車を主張したらBはOKです。残り、CとDがうまく1人だけになるように、納得できる物語を演じて下さい。

時間制限がいいでしょう。3分～5分間で何人を例外にできるか、です。

8 エモーショナル・ジェットコースター

●2人～4人 ㊋複

①2人バージョン　★★★☆

Aが1人芝居《しばい》を始めます。

Bは、ひとつのセリフごとに、感情を指定します。例えば——

A　さあ、料理を作ろう。
B　喜び。
A　美味しいお肉をもらったんだ！
B　悲しみ。

A　あ、コショウがない。
B　怒り。
A　どうして、買ってないんだ！
B　笑い。
A　（笑う）お肉、昨日食べたんだ。
B　喜び。
A　美味しかったなあ。
……という感じです。

少々、無理があっても、なるべく早く、Bの指示した感情になろうとします。Bは、Aを困らせるためではなく、物語を面白くする手助けのためにやります。つまり、Aが「感じること」をしやすくするためのアドバイスです。

②4人バージョン　★★★★

AとBで会話をします。AにはC、BにはDが感情のアドバイザーになります。例えば——

A　今度の休み、どっか行かない？
D　喜び。（DはBに指示します）
B　いいねえ。どこにしようか？
C　悲しみ。（CはAに指示します）

Ａ　あ、しまった。ずっと仕事だった。休みがない。
Ｄ　怒り。
Ｂ　なんだよ、つまんないなあ。
Ｃ　嫉妬《しっと》。
Ａ　お前はいいよなあ。休めるから。
Ｄ　空《むな》しさ。
Ｂ　何言ってるんだ。俺の方が働いてるよ。
……という感じです。

やはり、アドバイスは同じで、相手を困らせるのではなく、物語を面白くして、ＡとＢが「感じる」ことを容易《ようい》にすることです。ＣとＤは、面白い物語を作る作者だと思って下さい。ＡとＢは、「感じながら」、動機付けを「考えて」下さい。

○予想がつかないことを楽しむレッスン

＊演技は「セリフの決まったアドリブ」だと僕は言っています。言うべきセリフは決まっているけれど、それをどう言うかは、そのセリフの直前の相手のセリフを聞かないと分かりません。
例えば――
Ａ「ねえ、やってよ」

B「やだよ」

A「どうして⁉」

というセリフがあったとしたら、最後のAのセリフは、その直前の「やだよ」の言い方でしか決まりません。

例えば、公演が全部で3ステージあったとして、初日の「やだよ」は、お客さんが初めて入った高揚《こうよう》と興奮《こうふん》で、今までにない強い「やだよ」になる可能性があります。すると、その後の「どうして⁉」は、驚きが強くなるでしょう。二日は、初日の興奮が収まり、今までの稽古と同じ「やだよ」になる可能性があります。そうすると、「どうして⁉」も、今までに近い言い方になるでしょう。三日目、最後ですから、「やだよ」は、思わず初日以上に力が入る可能性があります。すると「どうして⁉」も、今までにない驚きや戸惑いが入る可能性があります。

つまりは、演技は繰り返すことではなく、その場で生きること、それが「セリフの決まったアドリブ」だということです。

けれど、私達は、演技を復習だと考えがちです。真面目な人ほど、「ねえ、やってよ」と言った瞬間に、もう次の「どうして⁉」を準備してしまうのです。Bがどんな言い方をしようが関係なく、一生懸命練習した言葉を、ただ繰り返してしまうのです。

表現も同じです。人前でスピーチする時に、予定外のことが起こった時は、柔軟《じゅうなん》に対応する必要があるのです。

「考えることと感じることを両立させるレッスン」の項で書いた「聴衆《ちょうしゅう》が離れていく感じがする」

というのも、予定外のことです。その時、慌《あわ》てず、予想がつかないことを楽しむようになるレッスンです。

1 文節《ぶんせつ》ゲーム

●2人～40人 複 ◉

文節とは、意味の通じる最小単位です。「私はバイトに行った」の場合、「私」ではなく「私は」が文節です。「バイトに」と「行った」に分かれます。

①10人前後 ★★★☆☆

全体の人数が多い時は、10人前後のチームに分かれて円になります。

Aから文節をつないで物語を作ります。物語は、リアルな筋ではなく、ファンタジーになっても問題ないとファシリテーターは伝えます。つまり、空からベッドが飛んできても、地面が割れて雪だるまが登場しても問題ありません。Aが「ある日」と始めて、Bが「目が」、Cが「覚めると」と続ける感じです。

つい、言葉を探して悩んでしまう人が多いので、リズムを刻みます。両手の平で、体の横、太ももの辺りを「ポン、ポン、ポン」と叩きながら、そのリズムで答えていきます（普通に歩くぐらいの速度、メトロノームで90ぐらいです）。

「ある日」「目が」「覚めると」と来て、「海が」「熊の」「雨に」なんて続いて、意味が分からなくなったら、すぐにやめます。そして、仕切り直します。物語を作るには、小説のように過去形が向いています。「ある日」「目が」「覚めると」「隣に」「熊が」で、「います」ではなく、「いた」と続けると、物語は分かりやすく動き始めます。リズムをポンポンと刻んでいくと、だんだんと慣れてきて、言葉が出やすくなるでしょう。

②人数を半分に　★★★☆☆

もし、10人ぐらいのチームでやっている場合は、なかなか自分の番が回ってこないので、しばらくたったら人数を半分にします。

参加者はファシリテーターの判断を待つ前に、意味が不明になったらすぐにやめて下さい。「具体的に語る」ことに気をつけて下さい。やってみると分かりますが、「箱を」「開けると」「そこには」と続いて、多くの人が「なんと」「信じられないことに」「びっくりすることに」と、中身を具体的に言わないまま、周りを描写《びょうしゃ》し続ける、ということが起こります。そういう時は、勇気をもって、「そこには」と来たら、例えば「宝石が」でも「ウニが」でも「推しが」でも、なんでも言ってみましょう。

③ポーズをつける　★★★☆☆

だんだん慣れてきたら、今度は、両手でリズムを刻むかわりに、その文節にふさわしいポーズをします。

「熊が」だと、熊のポーズをしてもいいし、熊の持つ〝怖い〟や〝獰猛《どうもう》〟というイメージのポーズをしてもいいです。「ある日」という文節の場合は、自分ではその後は語れませんが、もし語れるのなら、ポジティブなことが起こるイメージなら、ポジティブなポーズ、ネガティブなことが起こる想定ならネガティブなポーズをします。

④さらに少人数になる　★★★☆

8人でやっていたチームは4人に。5人でやっていたチームは3人と2人に。

最終的には2人になります。2人で交互に文節を言って、面白い物語を作ります。ポーズをつけるのは同じです。

だんだん気持ちが入ってくると、長く言いたくなります。「朝」だけではなく、無意識に「朝、起きると」と言ってしまうのです。ファシリテーターは、あらかじめ、そうならないように言います。また、二文節の言葉が聞こえてきたら、一文節に割るように伝えます。やっている同士も気をつけましょう。

Aが「朝、起きると」と言ったら「朝」だけと訂正します。Aが「朝」と言い直し、Bが「空から」と言うと、Aの気持ちとはまったく違う物語が始まります。

予想がつかないことを楽しみましょう。

⑤場所移動が可能になる　★★★☆

Aが「向こうから」と指さし、Bが「熊が」と怯えたポーズをしたら、Aは、その指さした方向に走って「やってきた」と熊が襲いかかるポーズができます。つまり、「場所移動」というオプションが加わったのです。

Bが「私は」で逃げるポーズをして、Aが「走った」と言って、また、Bの場所まで走ってくる、なんてこともできます。

時間があれば、2人組の発表を順番に見てみるといいと思います。1組、2分間前後がいいでしょう。

2 文節ゲーム・手つなぎバージョン

●4人 複 ★★★★☆

2人で手をつなぎ、別の手をつないだ2人と文節をひとつずつ言いながら会話します。

例えば、AとB、CとDが手をつないでいるとしたら、Aが「今度の」Bが「日曜日」A「何か」B「しない？」と聞くと、Cが「じゃあ」D「映画を」C「見に」D「いかない？」という感じです。

AとBは、CとDを見ながら会話します。

手をつないで相手との感覚を敏感にして、2人でひとつの人格として話して下さい。

3 ペーパーズ

●2人 👁 ★★★★☆

一行程度のセリフを書いた紙片

一行程度のセリフを書いた紙を10枚から20枚、用意します。

「急に眠くなってきた」「すっごくお腹がすいた」「母親に電話しないといけない」「明日は休もう」などなど、なんでもいいです。その紙を、裏にして文字が読めない状態で、ランダムに演技スペースに散らばらせます。

AとBの2人で始めます。

最初の設定はなんでもいいです。相談するか、ファシリテーターが提案して下さい。例えば、「街で出会ったバスケット部のOBと後輩」なんてしますか。

AがOBでBが後輩。Aが「おう！」と始めて、Bが「久しぶりです」なんて始めます。Aが「コーヒーでも飲もうか」と提案しますか。Bが内心、（この人、偉そうで嫌なんだよな）なんて思っていたとします。

ファシリテーターは、物語が見えてきたら、「拾って下さい」と合図します。2人、同時に拾います。Aが「すっごくお腹《なか》がすいた」を、Bが「母親に電話しないといけない」を拾ったとします。まず、それを声に出して読みます。Aは読んだ後、「コーヒーだけじゃなくて、なんか食おう。うん。すっごくお腹がすいた」と合理化します。Bは読んだ後、「あ、すみません。母親に電話しないといけないんです。今思い出しました。長い話になるんで、今日はすみませんが」なんて合理化しますか。

Aは「大丈夫、待ってるよ。久しぶりなんだから、飯《めし》食おうぜ」なんて続けるかもしれません。しばらくしたら、ファシリテーターは「A、拾って下さい」と指示し、またしばらくしたら「B、拾って下さい」と別々に指示してもいいです。拾ったら、まず文章を読み上げてから合理化するのは同じです。

どう合理化するか、他の人の演技も見ながら、楽しんで下さい。時間制で3分～5分ぐらいがいいでしょう。

4 スピットファイヤー

●2人 複 ◉　★★★☆☆

2人かファシリテーターが、話すテーマを決めます。例えば「夏休みの思い出」とか「クリスマスの思い出」「正月の楽しみ」「好きな映画」とか、なるべくポジティブな話題を選びます。

例えば「夏休みの思い出」を選んだAが話し始めます。「夏休みの思い出といえば、毎朝のラジオ体操が一番だね。なんであんなに早起きして行ってたのか、あの当時はまったく疑問に思わなかったんだよね」なんてことにしましょうか。

Bは、その話を聞きながら、途中で話の内容とまったく関係のない単語をひとつ言います。例えばAの話の途中で「おだんご」なんて言います。Aはなるべく早く、その単語を自分の話の中に取り込んで、合理化します。「おだんご」と言われた後、「でも、ラジオ体操を毎日続けると、皆勤賞のごほうびに、おいしいおだんごがもらえたんだよね。近所の商店街のお店のタイアップだったんだけど」なんてことです。

相手の単語を取り入れますから、自分の本当の「夏休みの思い出」からは離れていきますが、それはかまいません。

Bは関係のない言葉を定期的に放り込んで下さい。相手が前の言葉を取り込んで、しばらく話したぐらいのタイミングがいいでしょう。Aは、なるべく早く、次の単語を自分の話す物語の中に合理化して入れて下さい。

ゆっくり話すより、早口の方がより意味のあるレッスンになります。二分間ぐらいの時間制限がいいでしょう。これは、予想がつかないことを楽しむレッスンですが、同時に「考えること」と「感じること」を高いレベルで両立させるレッスンでもあります。

5 役割交代

●3人〜5人 複 ◉ ★★★★☆

AとBで役割を決めます。「先生と生徒」「医者と患者」「コンビニ店員と客」「美容師と客」などなど。例えばAがコンビニ店員、Bが客とします。2人で自由にエチュードを始めます（この時、2人の目的と障害を明確にして下さい）。Bがお酒を買おうとして、Aが「若く見えるから、何か年齢を証明できるものを見せてほしい」と言い出したとします。Bは「そんなものはない」と返します。2人のやりとりを見ていたCは、AでもBでも、どちらでもいいので肩を軽く叩きます。

Aにしますか。叩かれたAはCと交代します。ただし、キャラクターも話の内容も続きます。Aが神経質なキャラクターを演じていたらCもそうするし、話も「身分を証明するものがないと売れない」から続けます。

しばらくしたら、４人の場合はＤがどちらかの肩を叩きます。Ｄがしばらくやったら、Ａがどちらかの肩を叩きます。

時間制で３分～５分でやるのがいいでしょう。何回交代してもいいです。

6 フリーズ・タッグ

●３人～10人 ◉ ★★★★☆

ＡとＢがエチュードを始めます。

街で会った友達同士にしましょうか。

Ａ「何してるの？」Ｂ「買い物」Ａ「何買うの？」なんて会話が続いたとします。Ａが「お店はどこにあるの？」と聞いて、Ｂが「あっち」と指さし、Ａがその方向を向いた瞬間、Ｃが「フリーズ！」と叫びます（フリーズという言葉に馴染めない場合は、「ストップ！」でもいいと思います）。言われた２人はそのままフリーズ（ストップ）します。

Ｃは、ＡでもＢでもどちらかの肩を軽く叩きます。叩かれた方はその場を去ります。ＣがＢの肩を叩いたとします。Ｂは抜けますが、ＣはＢと同じポーズをします。指をさしている形ですね。

正確にＢのポーズの真似《まね》をしたら、Ｃから今まで話していた内容とはまったく違う物語を始めます。例えば指さしたまま「駅はまっすぐ行った所にあるから」なんて言うとします。そのポーズから浮かぶ言葉を言うのです。言われたＡは、反応を急がなくていいです。Ｃが続けて「旅行？」と言ったら、

(ああ、街の人を演じているんだな)と分かるでしょう。自分の立場がはっきりしたら、「はい。いい街ですよね。ここ」とAはCの演技を受けて下さい。

そのまま2人はエチュードを続けます。なるべく、棒立ちではなくいろんな動きを意識して下さい。ただし、自然にです。わざとらしくならないように。

次に待っているDは、2人の動きが特徴的になった時に「フリーズ!」と叫びます(この動きなら別のストーリーが浮かぶ、と考えるのではなく、とにかく特徴的な動きがあったら「フリーズ!」と言って止めて、その後、考えるようにして下さい)。

例えば、Cが「街の見所、案内してあげるよ」とAの手を取ったとしたら、「フリーズ!」を言うべストタイミングです。Dは、とりあえず「フリーズ」と言った後、どちらの肩を叩くか決めて下さい。

*ストーリーを始めるのは、常に「フリーズ!」と叫んで、肩を叩いて代わった人からです。代わった人は、わざとらしくなく、自然に物語の情報を相手役に伝える必要があります。自分は誰で、あなたは誰で、ここはどこか、などです。

例えば、Cが指をさしながら「あっちだね」だけだと何がなんだか分かりません。「駅はまっすぐ~」と言うのは悪くないですが、まだ不十分です。お互いの関係がまだ明確ではありません。そこに「旅行?」と聞くことで、お互いの立場が明確になります。

このレッスンをすると、自分の設定がよく分からないまま、相手の言葉に反応して、とりあえず会話を始めてしまう人を多く見ます。ですから、「自分と相手の関係が分からないうちは、会話を始めない」と決めておくといいでしょう。

例えば、次のDは、Aの手を取ったCの肩を叩いたとします。Dはそのままの手を握ります。物語を始めるのも、内容を決めるのも、肩を叩いたDの役割です。Dが「来てくれる?」と言ったとします。まだ、お互いの関係は分かりませんからAは反応しないように。Dが続けて「今、ポケットに入れたでしょ。ちょっと事務室に来てくれる?」と言うと、Aは(ははあ。万引きの現行犯ということだな)と分かりますから「取ってませんよ」と始めてもいいし「すみません。ごめんなさい」でもいいでしょう。

もうひとつ重要なことは、真似をした同じポーズから始めることです。ポーズを真似しても、セリフを言いながら動いて、結果的に違うポーズで始める人がたまにいます。その真似をしたポーズから始めて下さい。

なかなか「フリーズ!」と言わない人には、ファシリテーターがとりあえず言うようにアドバイスします。言ってから決めていいと。また、あまり動かない2人にも、ファシリテーターは、動くようにサイドコーチします。

動きや身体を意識するようになる、じつに優れたレッスンです。バリエーションとしては、3人以上でやるとか、交代しないで加わるというものがあります。ちなみに、「フリーズ・タッグ」は直訳すると「氷鬼」です。「フリーズ・ストーリー」なんかの方が僕のイメージするレッスン内容に近いと思うのですが、「フリーズ・タッグ」が世界的に流通してます。

7 円盤レッスン
●2人〜10人 ◎

稽古場や教室、レッスン場の真ん中にペットボトルをひとつ置きます。そこを中心として、直径2〜3メートル前後の円を想像します。ペットボトルの上に、直径2〜3メートル前後の円盤が乗っているというイメージです。

①体験バージョン ★☆☆☆

まず、Aがどこにでもいいので（空想の）円盤の上に立ちます。このままでは、円盤はバランスを崩して倒れてしまいます。Bがバランスが取れる場所に立ちます（図45）。

Aは常にバランスを崩す側です（図46）。Bは常に、Aの動きに合わせてバランスを取る側です。Aの動きに合わせてBがバランスを取ります。

しばらくしたら、Bがバランスを崩す側、Aがバランスを取る側になります。

（もし、参加人数が多い場合は、Aは抜け、B

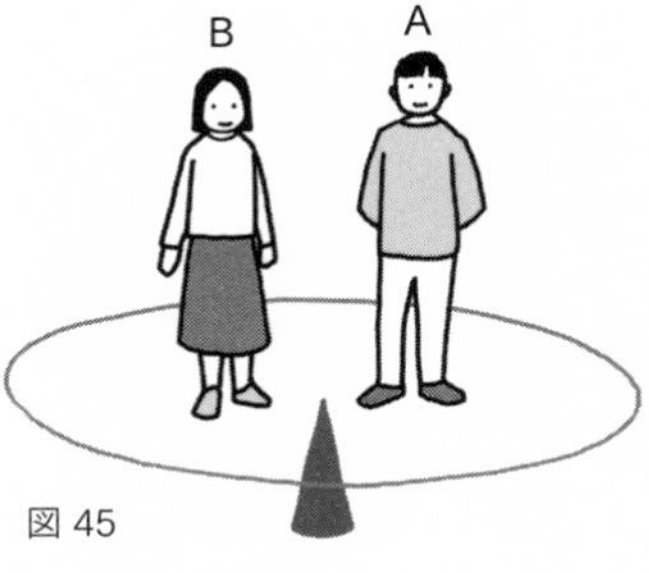

図45

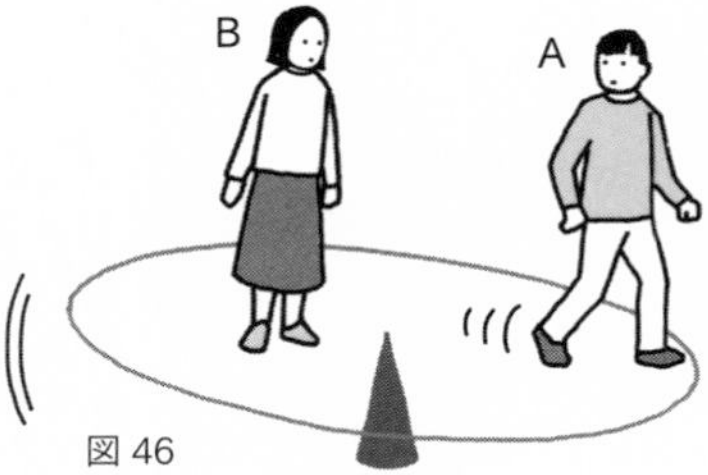

図46

がバランスを崩す側にまわり、Cがバランスを取る側になります。しばらくしたらBが抜け、Cがバランスを崩す側、Dが取る側になります。最後がHだとしたら、Hがバランスを取る側をした後、Aがバランスを取る側になり、Hがバランスを崩す側になります）。

時間がない時は、Aがバランスを崩す側、BとCが取る側というふうに1対複数でもできます（バランスを取る側だけですが、最大1対10ぐらいまではできます）。また、「2人でバランス」だけではなく、「常に正三角形になってバランス」「常に正方形になってバランス」ということもできます。時間があればやって下さい。

②円盤バランスで物語　★★★★☆

①のレッスンはあくまでウォーミングアップです。2人でバランスを取ることになれたら、いよいよ、2人でエチュードを始めます。

街で会った先輩と後輩にしましょうか。Aが先輩、Bが後輩。そして同時に、Aがバランスを崩す側、Bがバランスを取る側です。

まず、円盤の両端、バランスが取れている所から始めます。

街でばったり会います。Aが「おう」と言いながらBに近づきます。Aはバランスを崩す側なので、自分から動けるのです。Bはすぐに、バランスを取る場所に移動します。結果的にAに近づくことになります。「こんにちは」なんてセリフを言いますか（図47、48）。

Aが何してるとBに聞き、Bが昼飯を食べる予定ですと答え、Aが俺もそうだから一緒に行こうと動きます。Bもすぐにバランスを取ります。結果としてAと共に歩けません。BはAと離れる形にならないとバランスが取れないのです。Aは「どうしたの?」と寄ってくるでしょう。Bもバランスを取るためにAに近づきます。

こうやって、常にバランスを取りながら、気持ちに嘘をつくことなく、常に合理化しながらBはエチュードを続けるのです。

これはかなり高度なレッスンです。

たまに、Aの立場で、ただダラダラとバランスを崩そうと動き続ける人がいますが、ちゃんと動く理由がない限り、動かなくていいです。

2分間とかの時間制がいいでしょう。(詳しくは『表現力のレッスン』を参照)

図47

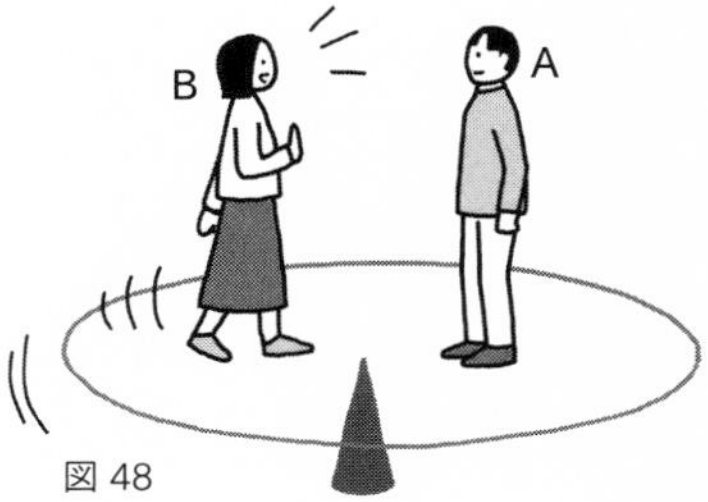

図48

8 次は何?

●4人+観客

①2人バージョン　★★★★☆

Aが1人ステージに立ちます。Bが常に指示を出します。

例えばBが「大きく伸びをして」A「(大きく伸びをする) 次は何?」B「ああ、よく寝たって言って」A「ああ、よく寝た。次は何?」B「カーテンを開けて」A「(カーテンを開ける) 次は何?」A「さあ、今日は何をしようって言って」A「さあ、今日は何をしよう。次は何?」という感じです。

Bの言葉はただの指示ですが、Aの「ああ、よく寝た」などのセリフは、ちゃんと気持ちを入れて言って下さい。その後の「次は何?」は指示を待つ事務的な気持ちでいいです。

②複数バージョン　★★★☆☆

Aが1人舞台に立って、それに対して3人ぐらいが順番に指示を出していきます(1人では指示を次々と出すのは難しいので、分担するのです)。

③評価バージョン　★★★★☆

Aと指示を出す3人以外に人がいたら、3人の指示に対して、面白いと思ったら拍手、つまらないと感じたら「ブーッ」とブーイングをします。どちらでもない場合は無言です。

これはAにとって、「考えること」と「感じること」を両立させるレッスンでもあります。

おわりに

演劇ワークショップは、何のためにやるのかと聞かれたことがあります。

もちろん、俳優および俳優志望者にとっては、「演技力を向上させる」ためです。

でも、もっと大きな言い方をすれば、それは、「コミュニケーション力の向上」のためじゃないかと思います。

「コミュニケーションが得意な人」というのは、誰とでもすぐに仲良くなれる人のことではありません。「コミュニケーションが得意な人」とは、「ものごとがもめた時に、なんとかできる能力のある人」のことです。

なんとかするために、いろんな手段が必要となります。

声や身体の表現力はもちろん、感情の豊かさや言葉の豊富さも効果的に働くことが多いでしょう。ゲームによって、何度も試行錯誤ができていれば、アプローチのやり方も上達していくでしょう。予想がつかないことを怯えることなく、相手の感情を感じながら、同時に考えることもできるでしょう。

私達は、子供の頃からずっと、「人に迷惑をかけないように」と教えられてきました。けれど、価値感が多様化した世界では、何が迷惑になって、何が迷惑にならないか、簡単には区別できなくなってきました。

「はじめに」で書いた、孫のために一生懸命、スーパーのお菓子を買う祖父母もそうですし、被災地のためと一生懸命折り鶴を送る行為も本当に被災地の人のためになっているのか。公園で泣いている子供を立たせようとしている人に向かって「すみません。うちの子供は自分で立てるようになって欲しいんです」と丁寧《ていねい》に断っている親御さんがいました。

何が迷惑で何が迷惑じゃないのか。

そういう時、「まえがき」に書いた「エンパシー」という能力を使って判断することが大切なのですが、もうひとつ、一番手軽な方法があります。

それは、コミュニケーションすることです。

何が迷惑で、何が迷惑じゃないか。迷惑だと言われてもめたら、どうしたらいいか。すべてコミュニケーションすることが重要なのだと思います。

世界の標語にあわせて、日本でも「協調性から多様性の時代へ」と言われるようになりました。けれど、ひとつはっきりしているのは、多様性はしんどいということです。

しんどいけれど、一人一人の自由と尊厳を守り育てていくためには、多様性を大切にすることが重要です。そのためには、一人一人違う相手と、粘り強くコミュニケーションしていくしかないと思います。そのための技術が「演劇ワークショップ」なのです。

と書きながら、僕の一番お願いしたいことは、とにかく「楽しく」やることです。

どんなことでも楽しくなければ、絶対に続かないと思っているのです。

この本があなたのさまざまな楽しさ、「声を使う楽しさ」「身体を使う楽しさ」「感情を動かす楽しさ」「表現する楽しさ」「失敗する楽しさ」「演技する楽しさ」その他、いっぱいの楽しさを生む手助けになるのなら、こんなに嬉しいことはありません。

鴻上尚史

主な参考文献

Viola Spolin, *Theater Game File* (Northwestern University Press).

Viola Spolin, *Theater Games for the Classroom: A Teacher's Handbook* (Northwestern University Press.

Augusto Boal, *Games for Actors and Non-Actors* (Routledge).

Betty Keller, *Improvisations in Creative Drama* (Meriwether Publishing).

Anna Scher & Charles Verrall, *100 + IDEAS for Drama* (Heinemann Educational Books).

Marsh Cassady, *Acting Games: Improvisations and Exercises* (Meriwether Publishing).

Tyler Collins, Shaun Aspinall, *51 Drama Games!: Warm Ups, Icebreakers and Teamwork* .

David Farmer, *101 Drama Games and Activities* (Lulu) .

Donna Brandes, Howard Phillips, *Gamesters' Handbook: 140 Games for Teachers and Group Leaders* (Trans-Atlantic Publications).

Donna Brandes, Howard Phillips, *Gamesters' Handbook Two* (Random House UK).

Donna Brandes, John Norris, *The Gamesters' Handbook 3* (Nelson Thornes).

Denver Casado, *Drama Games for Kids: 111 of Today's Best Theatre Games* (Beat by Beat Press).

Geoff Tibballs, *The Ultimate Party Games Book* (Ever Carton Books).

ヴァイオラ・スポーリン『即興術――シアターゲームによる俳優トレーニング』大野あきひこ訳、未来社

キース・ジョンストン『インプロ――自由自在な行動表現』三輪えり花訳、而立書房

クライヴ・バーカー『シアターゲーム――ゲームによる演技レッスン』米村晰・内村世紀訳、劇書房

絹川友梨『インプロゲーム――身体表現の即興ワークショップ』晩成書房

キャリー・ロブマン、マシュー・ルンドクゥイスト『インプロをすべての教室へ　学びを革新する即興ゲーム・ガイド』ジャパン・オールスターズ訳、新曜社

高尾隆『インプロ教育――即興演劇は創造性を育てるか？』フィルムアート社

ワークショップ探検部・松場俊夫・広江朋紀・東嗣了・児浦良裕『今日から使えるワークショップのアイデア帳　会社でも学校でもアレンジ自在な 30 パターン』翔泳社

吉村竜児『即興〈インプロ〉の技術』日本実業出版社

冠地情・かなしろにゃんこ。『発達障害の人の会話力がぐんぐん伸びる　アイスブレイク＆ワークショップ』講談社

ロバート・チェンバース『参加型ワークショップ入門』野田直人監訳、明石書店

佐野正之『教室にドラマを！　教師のためのクリエイティブ・ドラマ入門』晩成書房

ブライアン・ラドクリフ『ドラマ教育ガイドブック――アクティブな学びのためのアイデアと手法』佐々木英子訳、新曜社

日本演劇教育連盟『新・演劇教育入門』晩成書房

小池タミ子『劇あそびの基本』晩成書房

小池タミ子・平井まどか編『劇あそびを遊ぶ――三歳から大人まで』晩成書房

日本演劇連盟編、正嘉昭著「身体表現のウォーミング・アップ」『演劇と教育』付録、晩成書房

今井純『キース・ジョンストンのインプロ――来日ワークショップの記録』論創社

竹内敏晴『からだ・演劇・教育 』岩波新書

渡辺貴裕・藤原由香里『なってみる学び――演劇的手法で変わる授業と学校』時事通信社
菊池省三・池亀葉子・NPO 法人グラスルーツ『「話し合い力」を育てる　コミュニケーションゲーム 62』中村堂
日本レクリエーション協会監修『みんなのレクリエーションゲーム集』新星出版社
家本芳郎編著『たのしい遊びの指導』あゆみ出版
高橋四郎・松田稔『ゲームとその導き方』日本 YMCA 同盟出版部
高橋四郎・松田稔『続ゲームとその導き方』日本 YMCA 同盟出版部
いしいみちこ・平田オリザ・前田司郎・水谷八也・多田淳之介・柴幸男・藤田貴大『高校生が生きやすくなるための演劇教育』立東舎
今井純『即興し始めたニッポン人〈1〉人間力を鍛える～自由と協調～キース・ジョンストンのインプロ』論創社
今井純『即興し始めたニッポン人〈2〉ゲームで実践！「つながり」「変化」「正当化」――キース・ジョンストンのインプロ 』論創社
甲斐崎博史『クラス全員がひとつになる学級ゲーム＆アクティビティ 100』ナツメ社
中野民夫『ワークショップ――新しい学びと創造の場』岩波書店
青木将幸『リラックスと集中を一瞬でつくる　アイスブレイク ベスト 50』ほんの森出版
渡部淳・獲得型教育研究会編『学びを変えるドラマの手法』旬報社
渡部淳・獲得型教育研究会編『学びへのウォーミングアップ　70 の技法』旬報社
獲得型教育研究会著・編、宮崎充治監修『小学校　中学校　授業で使えるドラマ技法＆アクティビティ 50』明治図書出版
今村光章『アイスブレイク――出会いの仕掛け人になる』晶文社
今村光章『アイスブレイク入門――こころをほぐす出会いのレッスン』解放出版社
江越喜代竹『たった５分でクラスがひとつに！ 学級アイスブレイク』学陽書房
堀公俊『ファシリテーション入門』日経 BP マーケティング
森時彦『ザ・ファシリテーター』ダイヤモンド社
ロジャー・シュワーツ『ファシリテーター完全教本――最強のプロが教える理論・技術・実践のすべて』寺村真美訳、松浦良高訳、日経 BP マーケティング
中野民夫『ファシリテーション革命――参加型の場づくりの技法』岩波アクティブ新書
堀公俊『実践ファシリテーション技法――組織のパワーを引き出す 30 の智恵』経団連出版
堀公俊『チーム・ファシリテーション――最強の組織をつくる 12 のステップ』朝日新聞出版
日本体験学習研究所監修、津村俊充・星野欣生編『実践 人間関係づくりファシリテーション』金子書房
青木将幸『深い学びを促進する ファシリテーションを学校に！』ほんの森出版
片山紀子・若松俊介『対話を生み出す　授業ファシリテート入門～話し合いで深い学びを実現～』ジダイ社
本間正人・松瀬理保『コーチング入門』日経 BP マーケティング
伊東明『人を育て、動かし、戦力にする実戦コーチング・マニュアル――すぐに使える 260 フレーズ！』ダイヤモンド社
伊藤守『コーチング・マネジメント』ディスカヴァー・トゥエンティワン
菅原裕子『コーチングの技術　上司と部下の人間学』講談社現代新書
鈴木義幸『コーチングが人を活かす』ディスカヴァー・トゥエンティワン

装幀　岡本洋平
帯写真　朝岡英輔
イラストレーション　水野朋子

著者略歴
1958年、愛媛県生まれ。早稲田大学法学部卒。94年「スナフキンの手紙」で岸田國士戯曲賞、2010年「グローブ・ジャングル」で読売文学賞戯曲・シナリオ賞受賞。97年に演劇ワークショップのリサーチのための渡英を経て、帰国後『発声と身体のレッスン』『演技と演出のレッスン』（以上、白水社）を刊行、10万部突破のロングセラーとなる。著書はほかに『表現力のレッスン』『あなたの魅力を演出するちょっとしたヒント』『愛媛県新居浜市上原一丁目三番地』（以上、講談社）など多数。映画監督、ラジオ・パーソナリティ、脚本家などとしても幅広く活躍。NHK『COOL JAPAN 〜発掘！ かっこいいニッポン〜』で司会を務める。桐朋学園芸術短期大学名誉教授、昭和音楽大学客員教授。
ホームページアドレス：http://www.thirdstage.com

演劇ワークショップのレッスン　よりよい表現とコミュニケーションのために

2023年4月15日　印刷
2023年5月10日　発行

著者　©鴻上尚史《こうかみしょうじ》
発行者　岩堀雅己
発行所　株式会社白水社
〒101-0052
東京都千代田区神田小川町3-24
電話　営業部　03-3291-7811
　　　編集部　03-3291-7821
振替　00190-5-33228
www.hakusuisha.co.jp
印刷所　株式会社理想社
製本所　誠製本株式会社

乱丁・落丁本は、送料小社負担にてお取り替えいたします。
ISBN978-4-560-09342-9
Printed in Japan